曽我量深に聞く

「救済と自証」

地上の救主、法蔵菩薩降誕の意義

小林光麿 著

大法輪閣

まえがき

本書は、著者の小林光麿氏が『救済と自証』という題目のもとで書かれていた遺稿の前半である。氏はこの前半部分を書き上げて、後半部の作成に取り組まれていたが、不治の病で志し半ばにして四年前に亡くなられた。今度、氏が生前に完成して机の引き出しに蔵われていた草稿を氏の遺族の方や友人たちが整理し、その前半の部分を切り離して一冊の書にまとめて出版されることになった。

本書と同名の書を、那須信孝氏は平成二十四年、「曽我量深の教え『救済と自証』～法蔵菩薩とは誰か～」と題して新学社から出版されている。書名が同じであれば、重なりを避けるのが通常であるが、那須氏のあとがきに書かれているような本書の成立事情を考慮して、そのままにしてある。那須氏の書が世に出たときは、小林氏の草稿はすでに完成されていたし、また、那須氏がその書を作成されていたときは、小林氏もまた草稿の想を練っておられたのであって、同名の書が出ることになったのは全くの偶然だからである。しかし、この偶然の一致はむしろ歓迎し、喜ぶべきことと考える。われわれはそこに同一の問題の二様の読解、あるいは展開を見ることができるからである。そのことによって、曽我の中心問題がより深く理解されるようになると思われる。われわれは、そこに同一の曲の異なった演奏（解釈）を聴き、味あうことができるのである。

著者は、「救済と自証」という曽我の中心問題に入り込む鍵を、曽我が『観無量寿経』を如何に読んだかに捉えているといいうると思う。『観無量寿経』は、息子阿闍世の逆害に遭って苦悩する母親韋提希に、釈尊が、その苦悩を取り除く方法（除苦悩法）として「定善」（観想）と「散善」（道徳）を説いた経典と見なされている。

しかし、親鸞は、そこで説かれた定善・散善は表に顕われた意味にすぎず、観想された「仏身」を通して「仏心」、つまり如来の「大慈悲心」を感得するところに『観経』の隠された真の意味を捉えて、表面に顕わな意味を超えて、内に秘められた意味を掴むことを「顕彰隠密」となづけた。

ところが、曽我が『観経』に読み取る「顕彰隠密」は、曽我に独自で意表をつくものである。『観経』は釈尊が韋提希に救いの道を説いた経典であるとされているが、それは表に現れた顕の意味である。それに対して、曽我が『観経』の隠密の意味と捉えるのは、『観経』は、釈尊が韋提希の苦悩を自己を照らし出す鏡と捉え、その苦悩を自己において見つめ、如何にして釈尊自身がその苦悩を乗り超えるに至ったかを語った「釈尊の自叙伝」であるというものである。

つまり、『観経』は韋提希や阿闍世の救いではなく、釈尊自身の救いを語ったものというのである。そのとき、「仏である釈尊」に代わって「仏になる釈尊」、「救主としての釈尊」に代わって救いを求める「凡夫としての釈尊」が立ち現れてくることになる。「凡夫としての釈尊」とはいかにも奇怪な表現であるが、釈尊をそう表現することによって曽我がいおうとするのは、『観経』において説かれた教えは、それによって釈尊自身が救われたもの、釈尊によって自証されたものであるということである。『観無量寿経』を、凡夫としての釈尊が如何にして救われるに至ったかを語った「釈尊の自叙伝」と捉えるとき、如来の大慈悲心は釈尊において感得され、自覚にもたらされたものであることに想いが致されてくる。『観無量寿経』の隠密の意義をこの方向に追究してゆくとき、曽我が生涯のテーマとした「法蔵菩薩」、つまり、苦悩の衆生をになって「回向」した法蔵菩薩に想到することになる。それは「本願」の出現に想いをいたすことでもある。氏は一貫して、このような方向に曽我の思索を追究している。

曽我が「救済と自証」という問題について思考をめぐらしているこの時期の文章は難解ではあるが、その構成的な文章にはベートーベンを思わせるような力強さがある。また、曽我の思索を追究する氏の思索もまた、自分に繰り返し言い聞かせて納得するまでやめないという粘り強さに貫かれていて、その強靭さには曽我の思索を思わせるものがあるといいうる。そのことによって本書は独特の深みをもち、『観無量寿経』を語った数多くの書のなかでも一頭地を抜いたものとなっている。是非一読されることを希望する。

平成二十八年六月

長谷　正當
（京都大学名誉教授）

#【目次】

装丁・山本太郎

《凡　例》

一、引用文献、および本文の漢字は、常用体のあるものは、常用体を使用した。

二、引用文献の本文中にも、意味を補う註をつけ、それらは（　）で示した。

三、引用文献は、以下のように略記した。

『曽我量深選集』――選集

『曽我量深講義集』――講義集

『曽我量深先生講話集』――講話集

序論　救済と自証

「救済と自証」というテーマは曽我量深の生涯のテーマだった。そのことについて曽我量深自身が次のように述べている。

仏のおたすけ「救い」と云う事を教えるところの浄土真宗の教、救済を内容とするところの浄土真宗の仏法は、単に仏に救われる（救済）と云う事だけでなくして、その仏の（救済の）教えを通じて仏の自覚（自証）に到達するのである。普通一般に仏法に自力、他力の教えがあり、自力は自覚自証の道、他力は仏の救い（救済）を教えると考えられているが、（中略）浄土真宗（仏教）の教えは、単なる救済の道にあらずして、救い（救済）を契機として仏の自覚（自証）に到達するのであると私は感じていたのであります。

この感じは学生時代から漠然と感じていた事であり、これを明らかにしたいと思っていたのであります。しかるに明治の終り頃から大正にかけて、偶然にも自分は長い間ぼんやりとして研究し且《か》つ、道を求めていたこと、この歩みは「救済と自証」の問題、これを問題として歩みを進めて来たのであると云う事がはっきりとわかってきたのであります。年齢では三十代、明治の終りより大正時代にかけて歩いたその到達点が「救済と自証」、こゝまで漕ぎつけた訳であります。

或人（金子大栄）のすゝめにより論文集の第一巻の出版にあたり『救済と自証』と云う題目を見出したわけであります。（中略）今日としても問題に変わり無いのであります。この問題をかゝげて今まで歩みを進めて来たのであります。

（『真宗教学の中心問題』一〜二頁　昭和十八年八月）

これは昭和十八年、曽我量深の六十八歳の時の述懐であるが、この時、曽我量深はこれまでの歩みをふりかえって、「救済と自証」というテーマが生涯のテーマであったと述べている。したがってこれから読むところの「地上の救主」を中心とする諸論稿も、「救済と自証」ということの具体的な内容が記されているものとして読まなければならないのである。

＊

さて「救済と自証」ということであるが、

現代において仏教は、大きくわけて、救済教と自証教との二つの流れになっている。その二つの流れとは、

仏教
　難行――自力教――聖道門　＝　自証教
　易行――他力教――浄土門　＝　救済教

という二つの流れであるが、もとより仏教は一つの流れであった。インド仏教においては、難行の教えと易行の教え、あるいは自力の教えと他力の教えという二つの教えはひとつであった。曽我量深は、二つの教えは「たゞ一箇の応現如来なる大聖釈尊の深奥の御胸をおしひらいて同時に産れたる双児の兄弟」（選集四―五頁）であったと記している。

　しかし仏教が中国に入ってから二つの道に分かれたのであった。とくに中国の道綽《どうしゃく》禅師の時代になれば、仏教は聖道門と浄土門というように、はっきりと二つの流れに分かれたのであった。それ以来、聖道門の「自力は自覚自証の道」を教える自証教であるのに対して、浄土門の「他力は仏の救い（救済）を教える」救済教であると了解されてきたのであった。

　しかし曽我量深は、前に記したように、「親鸞の浄土真宗の教えは単なる救済の道にあらずして、救済を契機として仏の自覚（自証）に到達する教えである」（取意）という。それは、親鸞の浄土真宗は、中国において大きく二つの流れに分かれた救済教と自証教とを統一して総合する教

えである、という意味である。これが曽我量深が究極のテーマとした「救済と自証」ということである。

＊

では「救済と自証」とはどういうことだろうか。曽我量深は、

救済とは何ぞや、仏になることである。自覚（自証）とは何ぞや、仏であることである。その仏である（自証）といふこと、仏になる（救済）といふことは一である。

（「救済の信仰と自証」選集一〇―八五頁）

という。

では「自覚（自証）とは何ぞや、仏であることである」というが、自証とはどういうことか。聖道門の自力仏教では、我われが本来「仏であること」をさとる（自覚自証する）ことが自証である、と教える。しかし我われが本来「仏であること」を自覚自証する（さとる）ことは容易なことではない。したがって浄土真宗の教えは、法蔵菩薩みずからが本来「仏であること」を自覚自証するのである。そのことを仏みずからが「仏であること」を自覚自証すると教えられたのであ

る。仏みずからが「仏であること」を自証することを曽我量深は次のように述べている。

　本願の真実といふのは、決して、単に「衆生を救ふ」といふことではありませぬ。「如来は如来である」「如来は如来であらねばならぬ」「如来はどこまでも如来でありたい」「如来をして如来たらしめねばならぬ」「徒《いたず》らに如来と名告《なの》つて居るべきではない」「無実の如来では不可《いか》ぬ」「如来の裡《うち》に如来に矛盾するものがあつてはならぬ」といふのが如来の根本の願である。

（「救済の信仰と自証」選集一〇―九一頁）

つまり如来が真に如来でありたい、ということが如来の本願である。衆生を救うことが如来の本願ではないのである。この故に如来は真に如来であることを「自証」しなければならない。こういうことが仏みずからが「仏であること」を自証する、ということである。

では仏はどのようにして「仏であること」を自覚自証するのか。曽我量深は、仏みずからが救済されることによって「仏であること」を自証する、という。そのことを前には「浄土真宗は救済を契機として仏の自覚（自証）に到達する教えである」といわれたものである。それはすなわち、救済と自証との関係は、仏は仏みずからが救済されることを「方法」（契機）として、仏みずからが「仏であること」を自証し、また仏みずからが「仏であること」を自証することにおいて仏みずからが救済されてゆくことができる、ということである。
曽我量深は救済と自証の関係について、

救済と自証は対立するものと考えられていたのだが、本当の救済は自証を離れてはない。（また）救済なしに唯の自証はない、という主張を私はした訳です。（中略）そういう話（「自証と救済」という話）を東洋大学の真宗会——学会でないので、真宗に関係のある人の為に一年に五回か六回お話をする、その公開講演（「救済の信仰と自証」）をした時の速記を論集（「曽我量深論集」第一巻『救済と自証』）の一番終いに載せました。（中略）

救済と自証なんてあんな話をよくしたものだと思いますね。ああいう風に考える考え方なんてないですね。私一人ですね。今は、救済の教《おしえ》と自証自覚の教《おしえ》と、こういう風に（別々に）考えていますね。ああいうのも清沢満之先生の書かれたものを読んでいるものですから、先生がああいうことを云うておられる訳ではないが、先生の示唆《しさ》を頂いたのでしょうね。

（選集五—月報）

というように、救済と自証の関係は相互関係であると述べている。
では仏は仏みずからが救済されることを「方法」として自証されるというが、それは具体的に

はどうして自証されるのであろうか。そのことについて、

法蔵菩薩が一切衆生の罪を自分の双肩《そうけん》に荷《にな》つて立つて行かれる心持といふものは、もう永遠に浮ぶ瀬がないところの深き悲しみであります。（中略）どうでもかうでも吾々衆生を救はずばおかぬといふところのその願ひからして、正《まさ》しく吾々衆生の中に自分の身を投じる、所謂《いわゆる》仏が菩薩に成りくだるといふのは是《これ》であります。

之はいろいろ昨晩お話して居つたのですが、仏さまが菩薩になり下《さが》つたと云つて居りますが、なりさがつたのでない、成り上つたのだ。仏さんが菩薩になつたといふことは一段上つたのだ。単なる仏さまが菩薩仏に成つたのであります。単なる平面的な仏さまが立体的になつたのだ、平面の仏は単なる理の仏である、単なる理想の仏である。その単なる理想の仏が現実の仏（法蔵菩薩）、事実の仏に成つた。理想の仏にしてしかも同時に事実の仏に成るといふのが、仏が菩薩になるといふことである。仏が菩薩になるといふことは、上のものが下のものになりくだつたやうであるけれども、本当の仏が更に一層伸びんがために縮むといつてもよいのでありますが、尺取虫が伸びるために縮む如く、彼が因位（法蔵菩薩）に下るといふことは更に一層自覚を深めたのであります。今までの仏が更に一歩を進め、仏が更に本当の意味の仏に成らう、仏が仏であるといふことを自覚するためには、菩薩として初めて本当

の仏たることを自証して行くのであります。仏が仏であるといふことだけでなく、仏が本当の意味の仏にならう、かりそめの仏であるといふことに満足しないで本当の仏たることを自覚しよう、つまり無上仏にならうといふことが菩薩になるといふことであります。

（「本願の仏地」選集五―三二一～三二三頁）

これは、仏が本当の仏になる（自証する）ために、仏が菩薩になることである、菩薩になるとは久遠の弥陀が我われ人間の内に法蔵菩薩として降誕することである、と教えられたものである。

第一章　如来と我

もとより仏が菩薩となったその「菩薩」を『大経』では「法蔵菩薩」と説かれているが、その法蔵菩薩を曽我量深はみずからの内に感得して、そのことを「地上の救主」に、「如来、我となる、これ法蔵菩薩降誕のことなり」（選集二―四〇八頁）と述べている。「地上の救主」とは法蔵菩薩のことである。この「地上の救主、法蔵菩薩」を自己の内面に感得したことが、曽我量深の思想を一貫する基本的な体験となった。それは大正元年、曽我量深の三十八歳の時であった。

そのことはこの後に詳述するが、この「地上の救主、法蔵菩薩」を感得するには、それに前《さき》だって、明治三十四年、二十七歳の時、曽我量深は清沢満之から次のような課題を与えられたことがあったことを述べている。

明治三十四年（曽我量深二十七歳）の十月十三日に、この大学が東京へ移転した。それから、明治の終り、明治四十四年の七月まで東京にありました。この学園を一身に引き受けて東京へ移し、そうして、みんなの人に推されて真宗大学の学長の地位につかれた、その方が清沢満之先生。その清沢先生が、いま、わたくしが題目（「如来ありての信か、信ありての如来か」）として掲げたことを、お話のなかで問題として、われわれ学生に与えられた。

これは、従来、如来ましますがゆえにわれわれは信じなければならず、また、信ずることができると、こういうようにほとんど決まっておるものだ、こういうように考えておった。しかるに、清沢先生は、いったい、そういうものであるか。あるいは、われわれ人類の願い、すなわち、われわれ人類の信心というもの、その要望にこたえて如来があらわれてくだされたものであるのか。どういうものであるか。こういうように、一つの問題として、われわれに教えられたことであります。

ところで、わたくしは、せっかく清沢先生がわれわれに一つの問題を与えて、みんな考えてみよと、こういうように問題を出してくだされた。（中略）

まず如来がましますからわれわれが信ずることができるのか、信ずるのか。われわれの方に、われわれの人生における根本的な要望というものがあって、それにこたえて如来があらわれてくだされたのであるか。如来が先であるか、われわれが先であるか。如来の本願が、如来の本願の救済が先であるか、われわれ機の、われわれの信心の要望が先であるか。そういうことを、われわれは一つ考えていこう。こういう問題を与えられた。（中略）

明治三十四年から三十五年の間に、とにかく、そういう問題を掲げて、みんな考えていた。つまり、わたしはその頃は、三十にならない。二十七歳から二十八歳。それが、今年は、数え年で九十一歳。その間全く忘れておったようなものである。もし思い出さなければ、全く忘れておったということになるわけですけれども、しかし、思い出した。（中略）忽然として思い出した。もし思い出さんで死んでしもうたら、全く忘れていたんだけれども、思い出したということを考えますというと、それは、忘れておったのでないのでしょう。やはり、この心の深いところ、いわゆる深層意識とでもいうのでありまするか、とにかく心の深いところに、先生の掲げられた問題、そういうものが生きておった。生きておって、そうして自分を育てた、自分を指導してくださったのにちがいない。（中略）

清沢先生の教えというものは、お前は如来あるがゆえに信ずるのか、また、われわれが如来を求めるがゆえに如来があらわれたもうのか、どういうものか。それを、われわれに、考えてみよと。しかし、これは、結局決めることはできないのでしょう。決めることができたときには、自分は死んでしもうている。また、死んでしもうたからというて、決まったというわけではないのでありまます。これあるがゆえに、こういう問題をもっているから、今日まで歩かせていただいた。

（「我如来を信ずるが故に如来在ます也」選集十二―一四三～一四八頁）

この講述は昭和四十年十月、曽我量深が満九十歳を迎えられた頌寿《しょうじゅ》記念講演会において、「如来ありての信か、信ありての如来か」と題して話されたものである。しかるに翌昭和四十一年に、この時の講述が「我《われ》如来を信ずるが故に如来在《まし》ます也」という題に変更して出版され、「曽我量深選集」第十二巻にも掲載されている。講題を変更されたいきさつについては、弥生書房社長の津曲淳三《つまがりじゅんぞう》氏（故人）が編集された「曽我量深研究誌」『行信の道』の中に、

昭和四十年十月、先生の満九十歳頌寿記念講演会は「如来あっての信か、信あっての如来か」の講題の下《もと》になされたが、翌四十一年秋、此の記念講演の出版に当って、先生は沈思黙考の後、該書名として「我《われ》如来を信ずるが故に如来在《まし》ます也」と潤筆して下さったのである。

と記されている。このことは大事な問題が秘められているように思う。

というのは、明治三十四年に清沢満之が真宗大学開校の辞において「如来ありての信か、信ありての如来か」という問題を投げかけられたその課題が、六十四年を経た昭和四十年の時に「先生の掲げられた問題が生きておって、自分を指導してくださった」といわれるごとく、翌昭和四十一年にこの講述を出版する時にも曽我量深の内面の信念界に清沢満之が霊活して、その活《い》きて在《まし》ます清沢満之に対して、「我が信ずる」ところに「清沢満之という如来が在ます也」という意味を込めて一つの中間の奉答をなされたのではないか、と思うのである。中間というのは、最終の報告ではない、以後、生涯を全うするまで続くからである。

かくて清沢満之から「如来ありての信か、信ありての如来か」という課題を与えられた曽我量深は、爾来《じらい》「如来と我《わ》が信念」、いいかえれば「如来と我《われ》」の関係を明らかにすることが、その思想的展開の基本となるのである。つまり「如来と我」の関係を思索することが曽我量深の生涯を一貫するのであるが、その「如来と我」の関係の最も基本となるところを記されたものが、「地上の救主」であった。「地上の救主」の冒頭においては、「如来、我となる、これ法蔵菩薩の降誕なり」ということを感得されたことが記されているが、この体験が曽我量深の思想をひもとくキーワードとなるのである。

そこで章を改めて、この感得体験を記した「地上の救主」を中心にして、その他、関連する諸論稿を読んでいきたいと思う。

曽我量深は、まず「地上の救主」の冒頭に「地上の救主、法蔵菩薩」を感得したことを次のように記している。

私は昨年（明治四十五年）七月上旬、高田の金子（金子大栄）君の所に於て、「如来は我なり」の一句を感得し、次で八月下旬、加賀の暁烏（暁烏敏）君の所に於て「如来、我となりて我を救ひ給ふ」の一句を回向していただいた。遂に十月頃「如来、我となるとは法蔵菩薩降誕のことなり」と云ふことに気付かせてもらひました。

こんなことは他の御方々には何でもないことであらふが、二十年来脳の病に苦められ、心意常に散乱妄動し、日々聖教読誦《しょうぎょうどくじゅ》を課業としながら、さらにその意義が分らず、特に近来浮世の下らぬ問題に迷悶しつゝある所の私には、誠に千歳《せんざい》の闇室を照すの燈炬《とうこ》を得た心地がしたのである。私は此の気分を発表する力がないのである。しかし黙《もく》してても居られぬ所から、昨年の十月以後、『暴風駛雨《しう》』の条下《じょうか》（選集四）にその一端を表白し置いたのであつた。又本年一月発刊の『無尽燈』に「久遠《くおん》の仏心の開顕者としての現在の法蔵比丘」（選集二）と題したる一文を掲げてもらつたのであつた。

然るに遠近の道友より、深く同情を得、又いろいろ疑問を提出せられ、自分は恐懼《きょうく》の至りである。自分は今さらに己れの大胆にして驕慢《きょうまん》なるに驚き、又わが思慮の軽薄なるを悲歎せざるを得ないのである。顧みれば己れは元来無一物の身で、多くの道友を通じ、特に自分が軽蔑し憎厭《ぞうおん》しつゝある人々を通じて、過分の恩寵《おんちょう》を回向して下されたことに今更深く感銘するものである。

（「地上の救主」選集二―四〇八～四〇九頁）

この「地上の救主」は大正二年七月に記したものである。しかしそれより五ヶ月前に発表した

「久遠の仏心の開顕者としての現在の法蔵比丘」と題する論稿においても、「地上の救主」と同じような内容であるが、次のように記している。

かく超世の大誓願を深く味ふ時、法蔵比丘は久遠実成《くおんじつじょう》の如来の顕現とせねばならぬ。然らば久遠の如来は何故に久遠のまゝの御姿を以てその救済の御本志を一切衆生に顕示し給ふことが出来なかつたのであるか、何故に人間比丘として和光同塵《わこうどうじん》（光を和らげて塵に同じくす）し給ひたのであるか。

凡《およ》そ此問題は我《わが》他力救済の道に於て至要の問題である。誠に救済の大願は久遠の如来を外にして成就するの能力なきと共に、又久遠の光明のまゝの御姿では此本願は起させらるゝ、ことは出来ないのである。縦令《たとい》此《この》本願を起し給ひても全く無能力に終るであらう、如来、云何《いかん》ぞ無効の仕事をなし給はんや。かくて如来はその誓願を我々衆生に示さん為に忽然として久遠の光明を和らげ、人間の煩悩の塵に同じて法蔵比丘と降誕して、その久遠の大誓願を表明し給ひた。蓋《けだ》し人間の救済には先づ人間の主観を親しく実験（実際に経験）し給ふの要がある、否、人間の御経験が則ち如来の救済の最後の証明である。法蔵比丘降誕の一事、如来が人間となり給ふの一事、此一事が如来の衆生救済の成就にして、又此一事が我々の信念の唯一《ゆいいつ》事件である。法蔵比丘の御相《すがた》がそのまゝ機法一体の御相であらせらるゝ。此れ則ち人生超越の如来が正しく人生上に来現し給ひたのである。理智の如来が情意の如来となり、法性法身《ほっしょうほっしん》が方便法身となり給ひたのである。

私は昨夏加賀の一道友（暁烏敏）の宅に於て、生来《しょうらい》初めて法蔵比丘、五劫思惟の聖像を拝し、至純の親心と至純なる子心とを念じ給へるに深く胸を打たれたのである。機法一体の六字名号は已に法蔵降誕の一事実の上に洩なく現はれて居る。本願と云ひ、正覚と云ひ、畢竟《ひっきょう》法蔵降誕の大精神の説明に外ならぬ。何ぞ徒らに本願の文字や十劫正覚に拘執《こうしゅう》せられて此の根本的事実を忘却するや。（「久遠の仏心の開顕者としての現在の法蔵比丘」選集二─三七二～三七三頁）

ここでは、なぜ法蔵比丘が降誕されたのか、その理由について、久遠の如来はそのままでは我われを救済することはできない。そのために久遠の如来は「忽然として久遠の光明を和らげ、人間の煩悩の塵《ちり》に同じて法蔵比丘と降誕して、その久遠の大誓願を表明し給ひた。蓋し人間の救済には先づ人間の主観を親しく実験し給ふの要《よう》がある」からであると述べられている。

もう少し「久遠の仏心の開顕者としての現在の法蔵比丘」と題する論稿を引用してみることにする。

然らば法蔵比丘は決して遠く過去の人ではない。又遥なる浄土の人ではない。彼は近き現在の自己の主観にある。法蔵出現の如来の本願を念ずる時、その信念と念仏とは是れ法蔵比丘にて在ますのである。法蔵比丘の本願は帰命の客観境であるのみならず、直に現に帰命する我等の主観的信念、即ち真実の自我が法蔵比丘の本願である。法蔵比丘の本願とは豈《あ》に他あらんや。衆生貪瞋煩悩の願往生心が此である。我等の救主なる法蔵比丘は正しく救はるべき我と一体にして、寧《むし》ろ此《この》救はるべく自己を客観に投影する所の真実究竟の自己の主観である。我々は正覚の如来を念ずる時、それが近く此世界（念ずる念）に在《まし》ますとは思はれない。正覚の如来は遥に穢れたる人生を離れて、純妙の浄国に端坐し給ふとしか思はれない。唯法蔵比丘の本願を念ずる時、和光同塵《わこうどうじん》の如来は近く現に我をして我たらしむる真主観にて在ますに驚く。法蔵比丘の本体や修行は決して昔話ではない、神話ではない。本願の船は現在にある。人生のあらん限り、本願は存在し、法蔵比丘は永久に存在し給ふのであらう。

（「久遠の仏心の開顕者としての現在の法蔵比丘」選集二―三七四頁）

今の引用文中、「和光同塵の如来」とは、「光を和らげて、（人間の煩悩の）塵《ちり》に同じくする如来」ということである。如来が人間を救済するには、如来が人間の煩悩の塵を経験しなければ救済することができない。それ故に「如来はその誓願を我々衆生に示さん為に久遠の光明を和らげ、人間の煩悩の塵に同《どう》じ」られたのである。つまり人間の煩悩の塵と体《たい》を同じくされたのである。人間の煩悩の塵と一体になる仏が法蔵菩薩という仏である。とくに人間の煩悩と一体になるとは人間の肉体と一体となることであるが、曽我量深がこのように記されていることは、キリスト教で説かれている「受肉《じゅにく》」（※参考・四二頁）にあたるものとして、このように記されたものと思われる。

キリスト教における「受肉」とは、父なる神が人間なるイエスの上に肉体化するということである。ただしここで曽我量深が「和光同塵の如来」、即ち如来が人間の煩悩の塵と一体になると言うていることとは、イエスや釈尊をはじめとする先覚者の上にのみ一体となるということではない。直接、我われの肉体と一体になることである。

このように法蔵菩薩という仏は我われの肉体と一体となって下さる仏であるが故に、第二章において記すように、如来は我が貪瞋《とんじん》煩悩（貪欲《とんよく》・瞋恚《しんに》の煩悩）の胸より生まれる、と教えられ、あるいは今引用した文章においては「法蔵比丘の本願とは豈《あ》に他あらんや、衆生貪瞋煩悩の願往生心が此《これ》である」と記されているのである。

さて、今の資料に帰れば、「如来はその誓願を我々衆生に示さん為に久遠の光明を和らげ、人間の煩悩の塵に同じ」くされた法蔵比丘は、「救はるべき我と一体」となって下さっている、ということを記されたものである。

とくに法蔵菩薩という仏は「救はるべき我と一体」となって下さる仏であることを曽我量深は

『唯識論』から読みとって、次のように述べている。

仏は衆生を以て救ひの体《たい》とする。自分は仏になろう、一切衆生を救おう、その自覚原理となるのが法蔵菩薩である。法蔵菩薩は我々の代表者か、仏の代表者か。普通は仏の代表者と云はれて来たが、決してそうでない。助ける方の代表者は単なる助ける方の代表者ではない。第十八願に十方衆生とあるが、その十方衆生の中に阿弥陀仏が居るか居ないかが第十八願の問題である。助ける方に属する仏が、助かる方に属する筈《はず》はないといふのは単純な見解である。一体之《これ》を助けるには助かる身になつて見ねばならぬ。助かる身の中に助ける人を見るのである。

真実助かる身になつて助ける本願が成就されるのである。第十八願の十方衆生とは「我々十方衆生」といふのである。

衆生の悩みを我が悩みとして衆生と同じ悩みを持つ、之が阿頼耶識《あらやしき》である。『成唯識論《じょうゆいしきろん》』の中に「摂為自体《せついじたい》、共同安危《きょうどうあんき》（《仏は衆生を》摂して自《みずから》の体《たい》と為《な》して、安危を共同す）」とある。即ち衆生をあまねく摂して自の体とする。法蔵菩薩は一切衆生を自己にをさめて自の体とするのである。安危は生死であり、苦楽である。死ぬも生きるも衆生と共にする。自分一人悟りを開こうとするのでなく衆生と共に悟りを開こう——、これが法蔵魂である。大乗精神の原理は阿頼耶識である。法蔵菩薩は助ける仏の代表者と一応解釈されるが、更に深く掘り下げると我等一切衆生の代表者である。助ける仏の代表者は救ひを求める我等衆生の代表者でなければならぬ。

（講義集二─二二頁）

今の文中、法蔵菩薩は衆生を「摂して自らの体として、安危を共同」する仏、すなわち「死ぬも生きるも衆生と共にする」仏である、こう記されていることは法蔵菩薩という仏を了解するうえにおいて大切なことである。安危を共同するとは、衆生と苦楽を共にすることである。安《あん》は生であるならば、危《き》は死である。安は楽しみならば、危は苦しみである。あるいは安は悟ることならば、危は迷うことである。つまり法蔵菩薩は衆生の苦しみを我が苦しみとして、衆生の迷いを我が迷いとして、衆生と苦しみや迷いを共にされる仏、衆生と安危を共同する仏、ということである。

そうして仏は衆生と体を同じくして（同体《どうたい》して）本願をおこされるのである。

このように衆生と体を同じくされることを、同体の大悲、あるいは如来の大悲という。

それから前に引用した文章（「然らば法蔵比丘は決して遠く過去の人ではない……」という文章）の中で、とくに法蔵比丘は「救はるべき我と一体」となって、「直に現に帰命する我等の主観的信念」となり、「真実究竟の自己の主観」となり、「近く現に我をして我たらしむる真主観に驚く」と記されているところは留意しなければならないところである。すなわち法蔵比丘は単なる神話や昔話ではない。法蔵比丘の降誕とは、如来が我となりたもうということである。我が心想に如来が入りたまい、法蔵菩薩が我が主観となり、真実の自己となるということである。法蔵菩薩は、外的存在ではなくて、真の自己を表すもので、それが真実主観・究極的自己である。

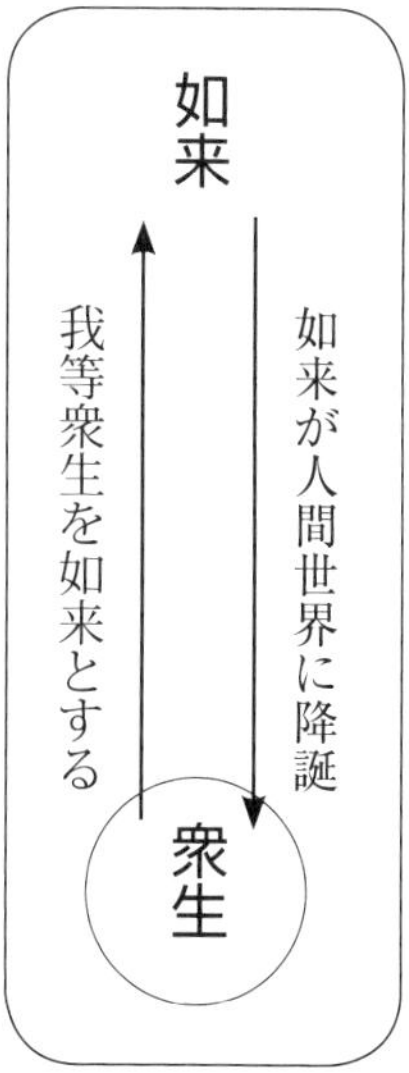

　法蔵菩薩がわが胸に生まれられることにより、自己の真主観となり、真の我《われ》となる。

　そして「救はるべく自己を客観に投影する所の真実究竟の自己の主観である」といわれていることは、逆に貪瞋煩悩の我は客観化され、我われは「汝よ」と呼ばれ、法蔵菩薩は、汝の罪は我が罪であると、我われの全責任を引き受けて下さるのである。

　言葉を変えるならば、真の自己が自我（貪瞋煩悩の我）を見ることにより、我をして念仏せしめ願生せしむるのである。これが、次に記すところの「我等衆生を如来にする」ということである。救われる我と救主と一体の自証が法蔵菩薩降誕の一事なのである。

「如来の救済」とは我等衆生を如来にすると云ふことである。而して我々人間を如来の位に救ひ上げるが為に如来は先づ御自の如来の御座を捨てて人間世界に降誕し給ひた。久遠の如来が衆生救済の為に因位の一比丘《びく》法蔵とならせられたは、正しく人間を救はんが為には先づ救はるべき迷悶の人間の精神生活を実験（実際に経験）せんが為に外ならぬ。否、法蔵比丘の出現は正《まさ》に如来が人間精神の究竟の実験である。

此の実験の告白が本願である。本願とは他なし、如来が何故に一人間となりしかを説明せしもの、法蔵出現の大精神の外に本願はないのである。誠に此を人《にん》にすれば法蔵比丘、此を言《ことば》にすれば本願、法蔵比丘と本願とは唯《ただ》の一体である。我等は法蔵比丘の本願の宣言に感泣する前に、法蔵比丘として身を降《くだ》し給ひし如来の大精神に感泣せずに居られぬではない乎《か》。

（「法蔵比丘の降誕は如来の人間化也」選集四—三四一～三四二頁）

就中《なかんずく》、前に引用した文中、法蔵比丘の降誕の意義は「我等衆生を如来にすると云ふことである」と記されていることは黙過することができないことである。

同じことであるが、法蔵比丘降誕の意義について、「如来が我になりしは、我を如来にするを目的とする為である」と述べられているところを引用してみよう。

誠に「たのめ」の南無の二字こそは、我等の無始以来の迷悶の雲を破り、阿弥陀仏の救済を証明する直接主観の大命である。「如来は我也」と云ひ「如来、我となる」とは、此の南無の二字に接した時の感である。南無の二字は「如来となる」と云ふことである。阿弥陀仏の四字は「我を如来にする」と云ふことである。如来が我になりしは、我を如来にするを目的とする為である。而も我が如来になるは現実世界では出来ぬ。現実世界には唯《ただ》未来成仏を憧憬するより外はない。唯我々の現に実験し得る所は「如来が我となり給ふ」と云ふ南無の二字に過ぎない。人生の大事実は「如来、人間となる」と云ふの外はない。如来、人間となるとは単に耶蘇《やそ》（イエス）となるとか、親鸞となると云ふやうの事ではない。純乎たる霊人《れいじん》法蔵比丘となり給ふと云ふことである。此の法蔵比丘となり給ふとは、則ち一切の人間の真我となり給ふと云ふことである。（中略）我々は唯「如来、人間となる」の現証の信念で満足する。此の信仰が現在の唯一の救済である。（「如来は最上の自我也」選集四―三五〇～三五一頁）

「暴風駛雨」という論稿には、「如来と我」との関係を述べた短文が多くあるが、その中で最もまとまっていると思われる一文を引用してみよう。

真宗教義は高くして（如来）卑く（凡夫）、遠くして近い。余は此を左の三大綱目《こうもく》に依りて指示し得ると信ずる。

一、我は我也、

二、如来は我也、

三、（されど）我は如来に非ず。

則ち第一綱目は是れ我々人間の久遠自性の叫びである。我等は一面には此に依りてその虚栄心を充足しつゝ、而も此我執に拘束せられて、無辺の天地に逍遙《しょうよう》し得ざるを苦しむ。此れ徒に「我の我」たる現相に拘執《こうしゅう》して、「我をして我たらしむる原動力」即ち自覚的自我の真主観の何たるやを知らざるに由る。即ち徒に「我を我とし」て「如来を我とする」を知らざるに由る。

かくして真宗の第一大綱は入道の門として第二大綱に達す。爾るに人は「如来は我也」即ち如来が我となり給ふ不思議の信念をあやまり、主客顚倒して「我は如来也」自己が本来如来なりと沈執するものなきに非ず。此れ則ち顕正的なる第二大綱より、破邪的なる第三大綱を生ずる所以である。

而も吾人にして「我の如来に非ざる」を知れば、初めて我は依然たる久遠の凡夫の我なるに驚くべし。此れ第三大綱より再び第一大綱に帰るものである。

かく三大綱目は第一に初まりて、復第一に帰り、無窮に巡環して尽くる所がない。此れ唯此三大綱目を以て略《ほぼ》真宗教義を表現し得んと揚言する所である。

而も第一綱目は第二綱目の門戸としては、「我は単なる我」に過ぎざりしかども、一度、第二第三の両綱を通過して第一綱目に帰る時、「我は我也」とは一面には自己が依然として久遠劫来の凡人なるを示すと共に又「我は如来の我也」「我は仏凡一体の我也」てふ意義をも彰顕《しょうけん》する。

（一巡して、再び第一綱目に帰ると）第一綱目は自覚であり、第二綱目は信仰である。前者は我の深信であり、後者は法の深信である。前者は俗諦門であり後者は真諦門である。

真に「我は我也」の意義に徹底せん為には必ず「如来は我也」の信念に入らざるを得ない。然らざれば人は滔々《とうとう》として邪見に陥らねばならぬ。又真に「如来は我也」の信念に徹底せんには必ず「我は我也」の自覚に反らねばならぬ。徹底せざる観念的信念は徒に自己を如来とする驕慢とならねばならぬ。

「我は我也」の命題と、「我は如来也」の命題とは実際上一致することが出来ぬ。唯夫れ「我は我也」「如来は我也」の二命題は実質上不可思議の調和を有する。

而して真宗の絶大の綱目の第二に存するは云ふまでもなきことである。

（「真宗教義の三大綱目」選集四―三五一～三五三頁）

この文は「如来と我」との関係を三段階の展開として表している。

第一段階は、我等は現実の姿として「我執の我」である。これは、真の自己を知らぬのであり、唯識でいうならば、末那識が阿頼耶識の我を我の中の我として執着した我である。

真の我を知らぬ「我の我」を反省し自覚する時、我を転じて如来が我となり給う「如来の我」であることを知るのである。我の中に如来を見出したのでなく、如来の中に我を見出す、如来の願心に摂取せられたる我であることを自覚するのである。

これが第二段階の我であるが、此処で注意しなければならないことは、如来が我となるの信念を、主客顚倒して「我は如来也」と自己が如来であると執着する誤りを犯すことである。如来の中に摂取された我は、我は依然として出離の縁なき罪業深重の久遠の凡夫の我であり、「我は仏凡一体の我也」なのである。此処《ここ》に第三段階の我は、あくまで我は我執の我であることを自覚せしめられるのである。

かくして三段階より再び第一段階に帰るのであり、此の三段階の自覚が限りなく転回するところに「如来と我」の関係があり、法蔵菩薩が我となり、我を救い給う意義があるのである。

いうまでもなく「如来と我」との関係が曽我量深の畢生《ひっせい》の課題であることは、今後の思想展開において常に留意しなければならないことである。再び法蔵菩薩の降誕の意義について、「地上の救主」から引用してみることにする。

然らば法蔵菩薩とは云何《いか》なる御方であるか。其は何処《どこ》に出現し、何処に本願を起し、何処に修行し、何処に正覚を成じ給ひしか。彼の正覚は遥に此の現実界を超離したる西方浄土である。唯問題は人間仏たる因位法蔵菩薩の御誕生に存する。（中略）

されば法蔵菩薩は決して一の史上の人として出現し給ひたのではない。彼は直接に我々人間の心想中に誕生し給ひたのである。十方衆生の御呼声は高き浄光の世界より来たのではなく、又一定の人格（たとえばイエス・キリストや善知識）より、客観的に叫ばれたのではない。彼の御声は各人の苦悩の闇黒の胸裡《きょうり》より起つた。法蔵菩薩の本願を生死大海の船筏《せんばつ》（ふね・いかだ）と云ふは、御呼声が我が胸底、我が脚下より起りしことを示すものである。世の一切の理想的宗教が「天の宗教」なるに対して、我法《わが》蔵菩薩の救済の宗教のみは、唯一の「地の宗教」でゐらせらるゝ。「光の宗教」は数多い、「船の宗教」は唯我が真宗ばかりである。我が真宗のみ現実の宗教、真の救済の宗教である。（中略）

抑《そもそ》も三世十方の諸仏菩薩諸神は皆平等に天より「来れ」と呼び給ふ。彼等は一斉に各《おのおの》特殊の光明を以て我々を照す。而して一切の光明を統一し給ふ炎王光《えんのうこう》の阿弥陀如来はその至大なるものであらせらるゝ。されど憧憬と救済とは一つでない。則ち諸神諸仏は我々を捨てずに永久に呼び永劫に照し給えども、無力の我々は現実の自我の救いの問題に接し、行足《ぎょうそく》の問題に触るゝ時、我より彼等神仏を捨てて避けねばならぬ。有体《ありてい》に云えば、諸神仏には理想的なる呼声は存在すれども、現実の救いの本願はないのである。真の意義に於て、本願は唯法蔵菩薩の四十八願に限るのである。我々は徒らに他力救済を軽く考えて居るが、真の他力とは祖聖の示し給ふ如く「如来の本願力」に限るのである。

　而して、如来の本願力とは何ぞや。現実に自己を救ひ給ふ能力である。徒らに美しき画餅《がべい》ではいかぬ。大悲観音の力は畢竟画餅である。何等の現実の基礎を有せぬ。美しき譬喩《ひゆ》の外《ほか》何物もない。

　法蔵菩薩の本願は全く此と異なりて居る。彼は一面には人間仏としてそのまゝ久遠実成《くおんじつじょう》の阿弥陀如来（タスケテ）にして、又同時に他の一面にはそのまゝ救いを求むる所の自我（タスケラレテ）の真主観であらせらる。私は此の理《ことわ》りをば「如来は則ち我也」と表白し、又「如来、我となる」と感じたのである。則ち救済主としては機（信念）法（如来）一体の御姿であり、又救済せらるゝ人間としては仏心（信念）凡心（罪業）一体の御姿であらせらるる。我々は一箇の法蔵菩薩の上に久遠実成の法身如来の威神力（タスケテ）を拝し、又罪業の裡《うち》に罪業の自己に覚めて一心帰命する自己（タスケラレテ）の姿を観る。則ち彼の上に一面に御親の姿を拝すると共に、寵児《ちょうじ》の姿をも観る。法蔵菩薩は久遠の父の如来と我々衆生との間の第三者としての仲保者ではなく、一身則ち如来にして則ち我々衆生である。則ち第一者にして則ち第二者である、則ち我々の信念の客体たると同時に、信仰の主体であらせらるる。タスケテであつて同時にタスケラレテである。タノミテでありて同時にタノマレテである。船客にして同時に船主である。本願の主人たると共に本願の対機である。私は此の法蔵菩薩の人格と、その御誕生の理由と、誕生の意義とに想ひ至る時、不可思議の驚異と、痛感とに堪えないのである。

（「地上の救主」選集二—四一一〜四一四頁）

この文章の中で、法蔵菩薩は「タスケテであつて同時にタスケラレテである」と記されているところはとくに大事なところである。「タスケテ」とは仏であり、「タスケラレテ」とは凡夫・衆生ということである。すなわち法蔵菩薩は仏であり凡夫である、ということである。

そのことを法蔵菩薩は「機法一体」のお姿であり「仏凡一体」のお姿である、と記されている。「機法一体」のお姿とは法が機となった「タスケテ」のお姿であり、「仏凡一体」のお姿とは仏心と凡心が一つとなった「タスケラレテ」のお姿である。そのことについて、今引用した文章では、「彼は一面には人間仏としてそのまゝ久遠実成の阿弥陀如来（タスケテ）にして、又同時に他の一面にはそのまゝ救いを求むる所の自我（タスケラレテ）の真主観であらせらるる」と記しておられるのである。

曽我量深は法蔵菩薩のうえに「機法一体」（タスケテ）「仏凡一体」（タスケラレテ）のお姿を見ることを諸処に記しているので、それらに関するところを二三引用してみよう。

「摂取不捨」が如来救済の真面目である。摂取不捨とは如来と我々人間との人格的一致である。我を離れて如来なく、如来を離れて我なく、我を救い給《たま》う如来の上に機法一体の御《おん》相《すがた》を観じ、如来に救はるるところの自己の上に仏心凡心一体の霊相《れいそう》を観ずるところが摂取不捨である。

（「常に信の初一念に立つべし」選集一一—四〇五頁）

私は天親菩薩が『願生偈《がんしょうげ》』の初めに「我、一心に無碍光《むげこう》如来に帰命す」と告白せられし文字を読み、師（天親菩薩）が明らかに「我《が》」の一心帰命なりとの告白を以って、我祖親《わがそ》鸞が「他力の一心」と決定せられしことに付き、われわれはその観察の深痛を極むるに驚き仰ぐものである。信ずるは我《われ》の自力、他力は信ぜらるる客境と、かく一往は主客は区別せらるるが、その実は信ずる「我」そのものが已《すで》に他力回向の如来の大我《だいが》であらせらるる（機法一体の我）。否《いな》一心帰命の信念（仏凡一体の我の信念）、是こそ我われの実証せらるる唯一の如来の本願力である。信仰は本願の影ではなく、正真の本願力そのものであらせらるる。本願力でたすかると云うは則ち信力でたすかると云うことである。信力でたすかると云うはその信力がそのまま、願力、他力である。祖師（親鸞）が天親菩薩の全我の一心帰命を以ってそのまゝ「他力回向の信心」（機法一体の信心）と決定し、「如来を喚《よ》び奉るところの信心」（仏凡一体の信心）を以ってそのまま如来のわれを呼ぶところの招喚《しょうかん》の御《おん》大命と断定せられしは、誠に義なきを義とする、深き観察と仰ぐところである。而して清沢師が「他力救済の念にすくはるる」と、特に「念」の一字を加えられた意義（仏凡一体にして機法一体の信念、という意義）を味うことが出来る。この「念」とは信念である。空漠なる客観的他力に救わるるに非ず、主観なる他力回向の信念に救わるるのである。

この信念を如来の救済力に対して機（主観的信念）法（客観的如来）一体と云い、又この信念を久遠の闇黒の自己に対して仏心（能被の信心）凡心（所被の罪悪的自己）一体と名くる。前者の機法一体は唯一の仏心が主観客観の相違せる両面に分れたるを示し、相《すがた》は二なれども体《たい》は一なりと示し、後者の仏凡一体は本性《ほんしょう》上、究極的に相違せる仏凡二心が相互に円融無碍にして（霊和して）、相抱《あいかかわっ》て唯一の主観的自我を形成せるを示すものである。則ち前者（機法一体）は永久に相違せる二相が二にしてその体不二なるを示し、後者（仏凡一体）は永久に無碍一相なる信仰者の主観が相は一にしてその体《たい》が全く不一なるを示している。

信念は、仏凡一体の方では救わるる衆生の真の主観なれども、機法一体の方面では全く救いたもう如来の客観力の実現である。

「我は有限也」との自覚はそのまゝ、「我は有限無限の一致体也」との信念（仏凡一体の信念）を顕彰する。若《も》し我等にして一念もその有限の現実（仏凡一体の現実）を忘れたならば、「我」の上に「有限無限の一致」という不可思議的事実を味うことはならぬ。則ちわれわれは唯《ただ》他力信念の上にのみ有限無限の二者の妙融点を発見し得るのである。

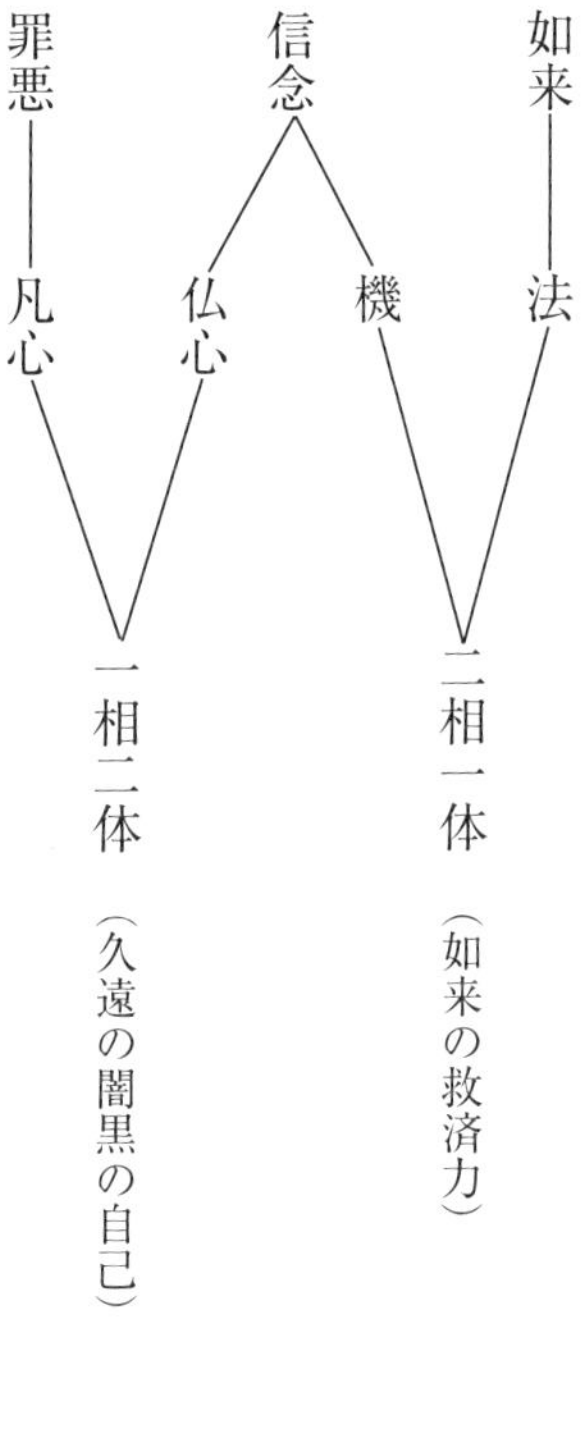

（「宗教上の「我」の名字」選集四—三三三～三三五頁）

以上、「地上の救主」を中心として、「如来、我となる、これ法蔵菩薩降誕のことなり」といわれることの要旨を論述した。このことは前《さき》にも申したように、曽我量深の思想を一貫するキーワードである。

＊

この「地上の救主」法蔵菩薩降誕の意義を感得した曽我量深は、「曽我量深論集」第二巻『地上の救主』の「序」に次のように記している。

序

（「曽我量深論集」の）第二巻は『地上の救主』の題目を以てここに刊行せらるることとなつた。今此の巻には溯つて明治四十二年から大正三年頃までに、雑誌『精神界』にかかげたものを収めることにした。（中略）

簡単に云へば本巻は第一巻（『救済と自証』）に達する思想的段階に過ぎないと考へらるる。しかし思想の無限の白道を歩行すると信ずる私には、過去の自己の云何なる文字思想の上にも明らかに現在の自我の声を聞き得るものである。現在を離れて、云何なる過去も私にあつては存在しないのである。（中略）

顧みれば本巻に収むる所は明治の末葉から大正の初期にわたり、特に明治の末年はわが祖師親鸞の六百五十回の遠忌に正当し、かつわが母校真宗大学は此年（明治四十四年）を以て京都に移され、先師清沢の遺業なる浩々洞の瓦解《がかい》の遠因をなした。さればその前半（明治四十四年まで）は真宗大学の教壇に立つの余暇に、同人と議論談笑しつつ、その折々の感想を録し、その後半（明治四十四年以後、大正三年まで）は郷里北越の草庵にあつて四方の師友を憶念し、そのやるせなき感懐を洩したのである。

その内容について云へば、私は初め『観経』を一貫せる「仏心大悲」の教説を讃仰し、それが上に開顕せられたる第十九の願、臨終来迎の本願を憧憬して止まなかつた。しかしながら私はこの『観経』の隠彰《おんしょう》の実義なる弥陀大悲本願を徹底して、遂に因位法蔵菩薩の自証に進まずに居られなかつた。巻中の「地上の救主」の一篇は正しくその自証を讃仰したものである。

もとよりその自証は微光であつて、到底独我論なる自性唯心《じしょうゆいしん》の境《きょう》を出で得なかつた。しかしながら世は滔々《とうとう》として、神話宗教として法蔵菩薩を冷笑せし間にあつて、独りそれの上に地上の救主の意義を見出したこと、而して爾来《じらい》わが真宗教界に於て漸《ようや》く法蔵の名を聞くに到つたことはこよなき喜びである。是れ則ちこの一篇の題を拡めて一巻の総題とせし所以である。

大正十三年三月

曽我量深

今引用した中で、曽我量深が「地上の救主、法蔵菩薩」の意義を感得したことについて、「世は滔々として、神話宗教として法蔵菩薩を冷笑せし間にあつて、独りそれの上に地上の救主の意義を見出したこと、而して爾来《じらい》わが真宗教界に於て漸《ようや》く法蔵の名を聞くに到つたことはこよなき喜びである」と記している。「地上の救主、法蔵菩薩」の意義をこのように明確に感得して、文字として述べられたのは、祖聖親鸞聖人以来、曽我量深までかつてなかったことである。それ故に、「爾来わが真宗教界に於て漸く法蔵の名を聞くに到つたことはこよなき喜びである」と記されたのであろう。

＊

しかし「地上の救主、法蔵菩薩」の意義を感得したのは、忽然としてこのような自覚に到達したのではない。このような自覚に到達するには、それまでの思想的展開の過程があったのである。そのことを前に記した「曽我量深論集」の『地上の救主』の「序」において、「私は初め『観経』を一貫せる「仏心大悲」の教説を讃仰（中略）して止まなかつた。しかしながら私はこの『観経』の隠彰《おんしょう》の実義なる弥陀大悲本願を徹底して、遂に因位法蔵菩薩の自証に進まずに居られなかつた」と記している。すなわちこの「序」の文に記されているように、「法蔵菩薩の自証（法蔵菩薩を感得する）」に進むには、それに先だって曽我量深が真宗大学で教鞭をとっていた時代（明治四十四年九月まで）と、故郷新潟での研究生活時代（明治四十四年十月以後、大正二年まで）において、とくに『観経』を中心に深く思索された時代があった。

故に以下は、曽我量深が「地上の救主、法蔵菩薩」を感得するに至るまでの思想的展開を段階的に顧みることによって、曽我量深が「『観経』の隠彰の実義なる弥陀大悲（の）本願を徹底」された思索の足跡をたどってみたいと思う。そして、その思想的展開をたどることによって、「地上の救主」といわれる法蔵菩薩という仏さまの具体的な内容が明らかになることと思う。

【参考】《二四頁　受肉について》（選集一二―一〇三頁）

教行信証の道は、先ず行があるから、如来廻向の大行が先ずあるから、われらはただ信ずる。信ずれば、そこにもう至心について、疑蓋無雑の信楽が成立するのである。それを至心信楽と言う。至心は名号を体とする。至心は、念仏が肉付きの念仏である。キリスト教の神学の言葉を借りるなら、仏の南無阿弥陀仏の上に衆生の肉を受けた。南無阿弥陀仏が受肉した。キリスト教では「受肉」と言う。衆生の機の上に南無阿弥陀仏が廻向された。既に信心には南無阿弥陀仏が前提されてある。阿弥陀仏が受肉することを前提としている。受肉の南無阿弥陀仏を前提して、その事実の上に、その体験の事実の上に、疑蓋無雑の信心が成立するのである。それ故に、その信心は観念の信心でなくて、行に就いて信を立てたのであるから、その信心は真実信心である。仏の心であるから、それは涅槃の真因となる。だから、もう涅槃が、涅槃の光が目睫《もくしょう》の所に輝いていることを我々は知ることが出来る。至心が体験である。至心が南無阿弥陀仏の体験である。

（昭和三六年六月八日　東京大谷会館における講話聞書　『中道』創刊号）

第二章　我が貪瞋《とんじん》の胸より生まれる如来の宗教

前章では、法蔵菩薩という仏さまは我われ人間のうえに受肉して、我われ人間の貪瞋の煩悩（貪欲《とんよく》・瞋恚《しんに》の煩悩）と一体になられた仏さまであることを論述した。それ故に、前にも記したように、法蔵菩薩という仏さまは、我が貪瞋の煩悩の胸より生まれる、と教えられるのである。そこで章を改めて、そのことを「凡人の右胸《うきょう》より誕生したる如来の宗教」（選集二）という論稿から読んでいきたいと思う。

惟《おも》ふに如来の宗教は古今の人類の心胸《しんきょう》の独尊の産物である。先づ釈尊に依りて産み出され、龍樹、天親に依りて産み出され、曇鸞、道綽、善導に依りて産み出され、源信、源空に依りて産み出され、親鸞聖人に依りて産み出された。のみならず不孝の子阿闍世《あじゃせ》太子の母韋提希《いだいけ》に依りて産み出され、強賊耳四郎や、親鸞聖人を害せんと企てたる山伏弁円《べんねん》の胸よりも誕生し、その無声無名の尼入道の貪瞋煩悩の心中より出現し給うたのである。摩耶夫人《まやぶにん》が釈尊の聖母たるが如く、平凡なる一切人類は男となく女となく、悉《ことごと》く尽十方無碍光如来の聖母たるの光栄を有するのである。従来我等は如来を以てわが真実の慈母とし、自己を以て彼の長子であると思ふて居つたのであるが、深く考ふるに、我等衆生は驚くべし、大智光明の如来の母であつたのである。子却《かえっ》て親を産み、親却て生《うみ》の子に済《すく》はるると云ふことを、想へば誠に神秘驚嘆の至極ではない乎《か》。（「凡人の右胸より誕生したる如来の宗教」選集二―二三五頁）

右に引用した文中において「凡人の右胸」といい「心胸」と記されていることについて――、前に引用した「地上の救主」において「彼（法蔵菩薩）は直接に我々人間の心想中に誕生し給いた」と記され、あるいは「彼（法蔵菩薩）の御声は各人の苦悩の闇黒の胸裡より起った」と記されていることからいえば、「右胸」「心胸」とは我われの「心想中」、すなわち我われの無意識界の最も深いところを指すのである。法蔵菩薩は我われの無意識界の最も深いところから誕生された仏である。法蔵菩薩は決して天上界から降誕したもう仏、あるいはイエス・キリストや善知識のように我われの外から来られた仏ではない、我われの煩悩妄念の胸の中から誕生される仏である、ということを教えられたものである。

さて今、引用した文章に帰って、如来は我われの真実の母であり、我われは如来の子である、というのであれば了解できるが、今の文は反対であって、我われ一切の凡夫が如来を産み出す母である、と記されている。「如来の宗教」は釈尊をはじめとして、龍樹、天親、曇鸞、あるいは道綽や善導などの七高僧、あるいは親鸞聖人によって産み出されたというのであれば了解できるが、愚痴と恨みの韋提希や強賊の耳四郎（法然上人の門弟）や親鸞を殺害しようとした山伏弁円などの胸からも誕生したと記されている。「我等衆生は驚くべし、大智光明の如来の母であつたのである。子却て親を産み、親却て生の子に済はるる」と記されているのがそれである。これはいったいどういう意味であろうか。

このことについて曽我量深は次のように述べている。

我等に久遠の親があると云ふことは、堅密なる我執に捉はれて、自己の尊厳を極端に主張する我等人間の徹頭徹尾認容し得ない事柄である。我等人間の無始的妄想を一言すれば「我に親なく、我は一切の親である」と云ふことに尽くるのである。此妄執は超絶的立脚地よりは何等の価値なき事柄であるが、人間の含蓄的立脚地よりは絶対の真理である。云何に絶対の力を有する如来も正面より此堅固なる城塁を実際的に破壊し給ふことは出来ないのである。自我尊厳の光一たび現はる、宗教も道徳も如来も理想も忽然としてその久遠の光を失ふのである。不孝の子阿闍世には父も母も全く存在しないと同様である。我等の如き霊界の不孝子に対させられては、久遠実成の法身のまゝでは、とても此を救済することが出来ぬのである。

則ち如来はその無上の慈悲方便を以て、忽然としてその久遠の法身の光輪を没して、貪瞋煩悩の衆生の心想中に入り給うたのである。

（「凡人の右胸より誕生したる如来の宗教」選集二―一二三六頁）

「貪瞋煩悩の衆生の心想中に入り給うた」とは、貪瞋煩悩の我等衆生の子となって（法蔵菩薩は）誕生し給うたということである。即ち久遠実成《くおんじつじょう》の弥陀が貪瞋煩悩の我等の胸中に法蔵菩薩として誕生されたということであるが、それは衆生の子として生まれ、子心を実験（実際に体験）し、如来自身が自ら痛切に親心を味い給うことである。

夫れかくの如く、われ等衆生の親としては、とてもその実在を承認せられないからして、一転して衆生の子となりてその実在の承認を求め給うた。世は滔々として利剣を親に加へんとする不孝の子を以て充《み》たさるると共に、又その愛児の幸福と成長との為に、自己を忘れぬ者は甚だ稀である。是れ親の存在と自己の尊厳と究竟的に矛盾すると思ひ、自己の尊厳と子の誕生とは究竟的に一致すると思ふからである。則ち親としては親子一体を観ずること容易であるが、子としての親に同体観は甚だ困難であるからである。故に如来は巧に此人情の秘《ひ》奥《おう》を汲み分けて、密かに衆生の貪瞋の右胸に躍り込ませられたのである。然るに子は親の胎より生じて而も親と同等なる実在の権威を有する如く、衆生の右胸より誕生し給へる如来は亦親たる衆生と同等なる実在であらせらるるのである。親としての如来を空想として否定したりし我々は、愛児如来の誕生に狂喜して、如来の存在を以て、即ち自己の大光栄となすこととなつたのである。則ちわれを生める如来を信じ得なかつた衆生は、わが生める如来（衆生として生まれた如来）を愛せずには居られぬのである。

　かくて如来は衆生の心想中より誕生して、巧みに凡夫我執に対して究竟的承認を得させられた。然るに一度わが子の顔に見とれつゝある裡《うち》に、われは何とはなしに久遠の実在の面影を想ひ出さずに居れないのである。その眼は昔にわれをいつくしみ給ひしわが父の眼ではないか。その唇は嘗《かつ》てわが頬をくちづけ給ひし父の唇ではない乎《か》。その声はわれを呼び給ひしなつかしき父の御声ではないか。我は成長の後は父の存在をのろひし不孝者となつたが、生ながらにして斯かる我執のかたまりではなかつた。始覚《しかく》の子（衆生の願往生心）は正《まさ》に本覚《ほんがく》の父の面影である。愛児は悪《にく》かりし親の生ける写真である。誠に子の愛《いとお》しく、又気高きは、祖先の面影を伝ふるが為ではない乎。子を持つて始めて親の恩を知ると云ふは則ち此《この》所以である。わが子は則ち我親の化身である。衆生の心想より誕生し給ひし子たる如来は、料《はか》らざりき我《わが》真実の親の応現《おうげん》に過ぎぬ。われに子あることは則ちわれに親あることを証明するではない乎。われ等は遂に、子としての如来を認めしことより、永劫《ようごう》の親なる如来を信ぜざるを得

なくなつたのである。（「凡人の右胸より誕生したる如来の宗教」選集二―二三六〜二三七頁）

今の文章に記されているごとく、我われ衆生は親としての久遠の如来の実在がわからないから、久遠の如来なる親は我われ衆生の「貪瞋の右胸に躍り込ませられた。（中略）かくて如来は衆生の心想中《しんそうちゅう》より誕生して、巧みに凡夫我執に対して（親としての如来の）究竟的（実在の）承認を得させられた」のである。

その我われの心想中より誕生したる如来を、前の文章では「子却て親を産み、親却て生の子に済はるる」と記されたのである。この子として誕生した如来が法蔵菩薩という仏である。

右に記すごとく、我われ衆生においては親なる如来の実在がわからないが故に、親なる如来が我われ衆生の心想中に入って、我われ衆生の肉体と一体となることを「如来の善巧方便《ぜんぎょうほうべん》」というのである。如来の善巧方便には限りがないが、その善巧方便の内でも最も至極は、ここに記されたごとく如来は衆生の愛児として生まれることであろう。そのことを『観経』では、

諸仏如来は法界身なり。一切衆生の心想中に入りたまえり（第八像観）。

と説かれている。如来の善巧方便について曽我量深は、

惟《おも》ふに如来の善巧方便に限りはないが、その至極なる所は衆生の愛児として現はれ給ふこ

とである。『観無量寿経』には「諸仏如来は法界の身なり、一切衆生の心想の中に入りたまへり」とのべてある。全法界に周遍玄《あまねくへんげん》して、光明遍《あまね》く十方世界を照し給へる真法身は、今や忽然として五尺の小身を現じて、衆生の心想中に来り給うた。而も此《この》小なる如来も依然として天上天下唯我独尊の権威を失ひ給はぬのである。釈尊は人間の子である、而も又同時に久遠の如来たるを失はぬ如く、人類の最大生産物なる如来は又直に一切人類の父である。弱き嬰児（子なる如来）の一言が暴慢なる帝王の全心を動かすが如く、我慢の頂上に在る人間もその生産せし如来に依り全我を震ひ動かさるるのである。

（「凡人の右胸より誕生したる如来の宗教」選集二―二三七～二三八頁）

「我慢の頂上に在る人間」とは、自力我執の強き我われ人間のことである。「その生産せし如来に依り全我を震ひ動かさるるのである」とは、韋提希によって釈尊の「全我を震ひ動かさるる」がごとく、自力我執の心の強き我われも、「全我を震ひ動かさるる」のである。

文中、「今や忽然として五尺の小身を現じて、衆生の心想中に来り給うた」と記されているごときは、如来の善巧方便の至極ともいうべきところであろう。曽我量深は如来の善巧方便について、「地上の救主」に次のように記している。

久遠《くおん》の父なる如来は遠劫《おんごう》（久遠劫）より現在に罪悪生死の人生海に迷悶しつゝある私を救はん為めに御身を現実の娑婆海に投じ、直ちに私の真実究竟の主観となりて（真の「我」となりて）、私をして久遠以来、無明長夜の夢を破り下された。彼は表面に私を（客観化して）「汝」と呼ぶと共に、隠彰《おんしょう》には私をば直ちに「我《われ》」と観じ下されたのである。汝の問題は直ちに我《わ》が問題である、則ち汝をして罪業に拘《とら》へられしめたは我が責任である、則ち汝の罪業は直ちに我が罪業である。かくて彼（法蔵菩薩）は直ちに十方衆生の主観の秘密に接触せられた。汝は単なる汝に非ずして乃《すなわ》ち我《われ》なりと。茲《ここ》に至心信楽《ししんしんぎょう》の心《しん》（本願）を感発し給ひた。彼の感発はそのまゝ我等人間の感発である。私の感発の信を離れて彼《かれ》法蔵菩薩の感発はないのである。

（「地上の救主」選集二―四一七～四一八頁）

これは同体大悲の法蔵菩薩は、水と乳の如く我われと「寄在《きざい》」して、我われの罪を我が罪であると引き受けて、私に感発の信を発起せしめて下されたことを記したものである。

今の文中、「久遠の親なる如来は遠劫《おんごう》より現在にいたるまで人生海に迷悶しつゝある我われ衆生を救はん為めに御身を現実の娑婆海に投じ、直ちに私の真実究竟の主観、すなわち「我」となりて、私の久遠以来の無明長夜の夢を破り下された」と記されている。このことが、前章「地上の救主」において「如来、我となる」ということ、および「如来、我となるとは法蔵菩薩降誕のことなり」と記されていることは、このような深い内容と意味を持つのである。

＊

この意味を巧みに記しているのが、次に引用する『暴風駛雨』の一遍、「如来は我が父母也、又即ち我也、又我が子也」という論稿である。

光明、名号としての如来は我が父母也。信心としての如来は即ち我自身也。念仏生活としての如来は我が子也。奇なる哉、如来の子たる我は転じて如来の父母となることや。誠に信心の我は如来の光明名号より生み出され、随て念仏生活の仏子を誕生す。

誠や我が貪瞋の罪を母とし、他力回向の信心を父として誕生せる念仏の仏子は、正《まさ》しく我が胸より誕生せる化仏（念仏生活としての如来）にて在《まし》ます。此《この》化仏を生むことに依りて我は永劫《ようごう》父の如来を離るゝこと能《あた》はず。念仏は貪瞋の胸より誕生すれども、その生母は婢妾《ひしょう》の凡心なれども、その父は如来の迎接の法王子なる大信心の自我である。されば我々はその生母の卑醜《ひしゅう》に依りて念仏を卑《いや》しむべからず。その御声は宛然たる我が信心の父母なる光明名号の御仰《みこえ》である。我々は我が産める子（念仏）の上に我が久遠の父の聖相《せいそう》を拝見せねばならぬ。

『和讃』に云く「無碍光仏のひかりには、無数の阿弥陀ましまして、化仏おのおのことごとく、真実信心をまもるなり」と。此《この》無碍光仏のひかりとは光明名号の父母の如来であり、無数の阿弥陀なる化仏とは我等の信念の産みたる念仏の声である。我等の信心は念仏の化仏に依りて守護せらる、。而して永久光明名号の父母と離る、ことの出来ぬやうにせらる、。「念仏衆生、摂取不捨（念仏の衆生を摂取して捨てず）」とは此間《このかん》の消息を伝ふるものであらふ。

　不孝なる我々は直ちに光明名号の父母を捨てんとするであらふ。而も我々は親しく我の産みたる念仏、特に溜息の裡《うち》より難産し給へる念仏の愛児に対しては、いかで捨つることが出来ようぞ。茲《ここ》に来りて我我は如来に捨てられても如来を捨つることが出来ぬ。此《この》念仏こそは如来の我を捨てさせられぬ深き御念力の表明に外ならぬ。

（「如来は我が父母也、又即ち我也、又我が子也」選集四―三六八～三六九頁）


　この論稿は、光明・名号としての父母の如来は、信心の子すなわち「我《われ》」となった如来を生み、「我」となった如来は念仏生活を生む。念仏生活の如来は子としての「我」より生まれた如来である。如来は「我」となり、「我」は念仏生活の化仏を生む、ということを記したものである。しかも我が貪瞋の罪の母として、その母から化仏としての念仏の子が誕生するのである。

　親から捨てられても自分が生んだ子供は捨てることができない。このような逆説的な言い方で、タスケテの親としての如来とタスケラレテの子とが、仏凡一体であることを記したものである。

　そして、我われに信心の子が誕生して、親しく如来を「慈悲の父母よ」と帰命する時、初めて如来は我われの現実の父母となるのである。真実に父母の親を知るのは、貪瞋煩悩の我が胸中から信心の業識《ごっしき》が生じた時である。

このようにして曽我量深は、「如来、我となる、これ法蔵菩薩降誕のことなり」といわれること、すなわち子なる如来が誕生すること、すなわち「我」という真主観が我われのうえに具体化するのは、天より来たるのでもなく、また先覚者やイエスなどのある一定の人格から来るというような外から来るものではなくて、我われ人間の貪瞋煩悩の泥中の胸底より誕生することを教えられたものである。

第三章　仏心とは大慈悲是れなり

第一章において、「如来、我となるとは、法蔵菩薩降誕のことなり」といわれる法蔵菩薩という仏さまについて学んできた。

次いで第二章においては、その法蔵菩薩という仏さまは天上界から降誕された仏さまではなくて、我われ人間の貪瞋煩悩の中より誕生された仏さまであることを学んできたのである。そしてこの法蔵菩薩という仏さまが、『観経』「第九真身観」において「仏心とは大慈悲是れなり、無縁の慈を以って諸の衆生を摂す」と説かれているのである。

そこで第三章では、「空中の仏、地上の仏、心中の仏」という論稿を中心として、『観経』「第九真身観」に説かれている「仏心とは大慈悲是れなり」、略して「仏心大悲」ということを学んでいきたいと思う。

私は本年一月の本誌上に於て、「凡人の右胸《うきょう》より誕生したる如来の宗教」なる題目を掲げて、『観無量寿経』を讃仰し、私共凡人は遥かに絶対なる如来の力を憧憬しつゝ、而も遂に自己中心なる相対他力の域を超脱するを得ざることの悲歎を述べたことであつた。而して『観無量寿経』が正《まさ》しく弥陀、釈迦、及び王妃韋提《いだい》の善巧《ぜんぎょう》の大慈悲より現われて、深く我等凡人の心胸中に入り、是《この》自己中心の罪悪の侭《まま》に、如来の大悲を味ふを得せしめ下されたるを歓喜せずには居られぬのである。誠に『観無量寿経』の旨趣は甚深にして汲めども汲めども尽きぬ。我は茲《ここ》に再びその卑懐《ひかい》を開陳させて戴かんと思ふ。

観仏の至極を述べたる第九真身観には詳細に如来の光明相好の美妙を開闡《かいせん》して、次で我等が如来の色相《しきそう》を観ずるは徒らにその秀麗《しゅうれい》を観ずるが為ではなく、「以観仏身故、亦見仏心（仏身を観《み》るを以っての故、亦仏心を見る）」と、（第九）真身観の究極の目的は如来の大精神に触る（仏心を感得する）ことに在ると示してある。然らば仏心とは何ぞや、他なし「仏心者、大慈悲是、以無縁慈摂諸衆生（仏心とは大慈悲是れなり、無縁の慈を以って諸の衆生を摂す）」と。此《この》十五字は誠に『観経』一部（全体）の大精神である。言《ことば》は極めて簡潔である。而もその簡潔なる所に無限の生命がある。唯此《ただこの》十五字を以つて『観経』を見るならば、『観経』一部の文々句々が皆如来大悲の涙の顕現にして、又釈尊の同情（同体感情）の涙の結晶にして、又王妃韋提希《いだいけ》の悲喜の涙の痕であることを見るであろう。

（「空中の仏、地上の仏、心中の仏」選集二―二七〇～二七一頁）

文中、「相対他力」ということが記されているが、このことは章を改めて（第五章　曾我量深の他力観において）考えることにする。

次に、「観仏の至極を述べたる第九真身観には詳細に如来の光明《こうみょう》相好《そうごう》の美妙を開闡《かいせん》して」と記されているが、これは『観経』「第九真身観」に、「無量寿仏の身は百千万億の夜摩天《やまてん》閻浮《えんぶ》檀金色《だんこんじき》のごとし。（中略）一一の好にまた八万四千の光明あり」（『真宗聖典』一〇五頁）と、「如来の光明相好の美妙」が説かれていることを指すものである。これは釈尊が浄玻璃鏡の前に立たれた光景をこのように説かれたものであろう。

しかし「次で我等が如来の色相《しきそう》を観ずるは（仏身を拝見することは）、徒《いたず》らにその秀麗を観ずるが為ではなく、《仏身を観るを以っての故、亦仏心を見る》ことであり、真身観の究極の目的は如来の大精神（仏心）に触るることに在ると示してある」と記されている。「如来の大精神」とは「仏心」「仏の心」を感得することである。「仏の心」を感得することは、「自己を歩ませる心」を自己の内面に感得することである。これ「自己を歩ませる心」を「仏心」と説かれたものである。すなわち「第九真身観」の究極の目的は「仏心」を感得することである。それは「第九真身観」だけではない、『観経』全体の究極の目的は「仏心」を自己の内面に感得するところにある。これが『観経』の要《かなめ》である。この要を抜いて『観経』を読んでは、「画竜点睛《がりょうてんせい》を欠《か》く」ことになると教えられているのである。

ではその「仏心」「如来の大精神」とは何であるか――。「然らば仏心とは何ぞや、他なし《仏心とは大慈悲是《こ》れなり、無縁の慈を以って諸の衆生を摂す》と。此十五字は誠に『観経』一部（全体）の大精神である」と記されたものである。すなわち仏心とは何ぞや、「仏心とは大慈悲」であり「無縁の慈」である。

では「無縁の慈」とは何か。それは「無縁の慈悲」ということであるが、「無縁の慈悲」とは詳しくは「無有出離之縁《むうしゅつりしえん》（出離の縁有ること無し）」という。この「無有出離之縁」とは地獄の苦から「出で離れる縁有ること無し」ということである。祖聖親鸞の言葉でいえば、「地獄は一定すみかぞかし」（『歎異抄』第二章）ということである。

曽我量深は「無有出離之縁」を次のように述べている。少し長くなるが、大事なところであるから、煩《はん》をいとわずに引用してみよう。

> 本当の意味の罪悪の自覚といふのは何であるか。罪悪を自覚するといふことは、罪悪を超えてゐる者でなければ罪悪を自覚するといふことはないでありませう。徒らに罪悪の中に身を没頭してゐる者は罪悪を知らない訳でありませう。更に再び罪悪といふものに立ち帰つて、罪悪全体、一切衆生全体の罪といふものを負うて立つところの大いなる自覚ではないか、か

ういふ工合に考へらるべきものであらうと思ふのであります。本当に助かるまじき地獄一定の自分だといふことは、罪の極限を超えて更に再び罪の中に立ち帰つたところに、初めて罪の自覚といふものは生ずるものでなければならんと思ふのであります。だからして本当に罪を自覚する、本当に業因並びに業果といふものを自覚するといふことは、之は単なる個人としてさういふことはあるべからざることであります。真実に自分の罪を自覚するといふことは、之は恐らくは全人的即ち一切人類を内に抱擁したまふところの仏の心である、菩薩の心である。菩薩の心でなければ本当に機の深信といふものは成立すべからざるものであります。

（中略）

本当の罪悪の自覚は法蔵菩薩が一切衆生の罪を荷うて、さうして一切衆生のためには自分は永遠に浮ばんでも構はぬ、永遠に沈んでも構はぬ、「仮令身止、諸苦毒中、我行精進、忍終不悔（たとへ身を、諸の苦毒の中におくとも、我が行精進して、忍んで終《つい》に悔《く》いじ）」。一切衆生の罪を荷うて、自分を衆生の中の一人《ひとり》として見出して、一切衆生一人たりとも救はれなければ自分は仏に成らぬ。そこに深い願心の自覚を表はしたものが無有出離之縁、出離の縁あること無しといふ深き悲しみでないかと思ふのであります。

私は「自身は現に是れ罪悪生死《ざいあくしょうじ》の凡夫、曠劫《こうごう》よりこのかた常に没し常に流転して、出離の縁あること無し」といふ、この無有出離之縁といふ言葉に就いて非常に深き意味を認めなければならんと思ふのであります。

一体、仏のお慈悲は無縁の大悲と名づけます。諸仏菩薩の慈悲は無縁の大悲と名づけるのであります。「仏心者大慈悲是、以無縁慈、摂諸衆生（仏心とは大慈悲これなり。無縁の慈をもってもろもろの衆生を摂す）」と『観無量寿経』の中に説かれて居ります。大慈悲とは無縁の慈悲である、無縁の慈悲とは衆生を摂取したまふ本願である、かういふ工合にお示しになつてゐるのであります。その無縁の大慈悲といふことはどういふことであるか、之を一つ考へて見たいと思ふのであります。

しからば無縁の大悲といふことは何かといふと、私は無有出離之縁の大悲だと思ひます。出離の縁のない大悲であります。こんなことを云つてこじつけんでもよささうなものだ、かういふ人があるかも知れません。けれども私は言葉の約束から云つても、どうしてもさういふ工合に考へなければならんと思ふのであります。

無縁の慈悲といふのは、縁無き衆生を救はうといふ慈悲だ、こんなふうにも解釈出来ます。或は無縁の慈悲といふことは、助かる縁、手懸《てがか》りのつきはてた、さういふものを憐れむのが無縁の慈悲だ、即ち助かる方便のつきはてたものを憐れんで、さういふ人のために自分は犠牲にならう。一切衆生を救ふために自分は身を犠牲にして、永遠に浮ぶ瀬のない者を憐れむのを（一般には）無縁の大悲といふのであります。（一般的な慈悲については、この引用文の後の

【参考】を参照）

しかし茲《ここ》に特に考ふべきことは、大悲の悲といふ文字はどういふ字であるか、それは慈悲の悲である。慈といふ字はいつくしみであり、悲といふ字はあはれむといふことである。かういふ工合に普通云ふのでありますけれども、私は悲といふ字はやはりかなしみである、あはれむとはかなしむなり。悲といふ字は、あはれむとも読み、かなしむとも読むのでありますが、私は本当にあはれむといふことは、かなしむといふことであると思ふ。自らのかなしみを離れて、他へのあはれみといふことはないのである。だから無縁の大悲といふことは無有出離之縁の大なる悲しみである。大慈悲といふことは単に仏のお慈悲だ、あはれみだといふ。まああはれみに違ひない。さりながらそのあはれみといふものを、もう一遍更に深くその因といふものを求めて見るとかなしみである。本当のかなしみである。法蔵菩薩が一切衆生の罪を自分の双肩に荷うて立つて行かれる心持といふものは、もう永遠に浮ぶ瀬がないところの深き悲しみであります。実際にこれ程淋しい心持といふものはないものだと思ひます。之は吾々が機の深信だ、罪悪の自覚だと漠然と云つてゐるだけのことでなしに、どうでもかうでも吾々衆生を救はずばおかぬといふところのその願ひからして、正《まさ》しく吾々衆生の中に自分の身を投じる、所謂《いわゆる》仏が菩薩に成りくだる（「如来、我となる」）といふのは是であります。

之はいろいろ昨晩お話して居つたのですが、仏さまが菩薩になり下《さが》つたと云つて居りますが、なり下つたのでない、成り上《あが》つたのだ。仏さんが菩薩になつたといふことは一段上つたのだ。単なる仏さまが菩薩仏に成つたのであります。単なる平面的仏さまが立体的になつたのだ、平面の仏は単なる理の仏である、単なる理想の仏である。その単なる理想の仏が現実の仏、事実の仏に成つた。理想の仏にしてしかも同時に事実の仏に成るといふのが、仏が菩薩になるといふことである。仏が菩薩になるといふことは、上のものが下のものになりくだつたやうであるけれども、本当の仏が更に一層伸びんがために縮むといつてもよいのでありますが、尺取虫が伸びるために縮む如く、彼が因位に下るといふことは更に一層自覚を深めたのであります。今までの仏が更に一歩を進め、仏が更に本当の意味の仏に成らう、仏が仏であるといふことを自覚するためには、菩薩（衆生）として初めて本当の仏たることを自証して行くのであります。仏が仏であるといふことだけでなく、仏が本当の意味の仏にならう、かりそめの仏であるといふことに満足しないで本当の仏たることを自覚しよう、つまり無上仏にならう（仏の自証）といふことが菩薩になるといふことであります。

然らば、法蔵菩薩といふのは何であるか、法蔵菩薩はどこにもある訳はないのでありまして、法蔵菩薩はつまり願往生心である。往生の願心が法蔵菩薩である。私はいろいろのことから考へてゆきますと、一体、法蔵菩薩、法蔵菩薩と云つて外にあるのでない、願求《がんぐ》往生の心《しん》が法蔵菩薩であります。さうしてみるといふと、願求往生の心が無限に自分に展開して来るところの因果の道程を示すものが機法二種深信といふものだ、さういふ工合に言はなければならんと思ひます。だからして機法二種深信、信仰といふものは、たゞ個人的の仕事ではないのであります。吾々が本当に正しいところの信仰を求めるといふことは、単なる個人的の自分だけ安心すればよいといふ胡麻化し的主観的安心《あんじん》を求めてゐるといふことではないと思ひます。宗教的要求といふものは全人類、或は全人格的要求である。つまり全人類、一切衆生を自分の内容として一切衆生の中に自分を見出し、その一切衆生の罪を自分一人《いちにん》で引受けて立つ覚悟であります。一切衆生を救はうなんといふ、そんな上の方から人を見下したやうな心が法蔵菩薩の心ではありません。法蔵菩薩は一切衆生の中に自分の身を投げ込んで、仏が現実の衆生として自覚した、つまり衆生の上に自分を見出した。仏自身が衆生の上に自分を見出したところが願往生といふのであります。衆生の中に自分を見出す時に当つて、本当に一切衆生の救はれるためには自分は永遠に救はれない。もう衆生全体の罪を自分が荷ふ。自分の罪だけを自分が感ずるのでない、個人的の罪を自分だけが痛感する、そんなことが罪の自覚ではない。全人類の罪といふ罪全体を自分一人《いちにん》に荷うてどうもかうもならぬ。それを荷う限りは自分は永遠に救はれない。その広大無辺な自覚が機の深信といひ罪悪の自覚と名づくべきものでなからうかと自分は思ふのであります。（「本願の仏地」選集五―三一九～三二三頁）

【参考】《一般的な「慈悲」について。金子大栄先生に見る「慈悲」について》

慈悲は常に衆生の現実を愍念《みんねん》するものであらねばなりませぬ。これに依りて更に慈悲の心を深めますれば、何うなるでせうか。それは衆生なく（助ける対象がなく）法なしといふ智慧に相応する慈悲であらねばなりませぬ。その慈悲は即ち無縁の大悲であります。衆生なく法なきが故に、衆生に執せず法に執せず、ここに慈悲は平等に一切に及ぶのであります。それ故に無縁の慈悲は即ち平等の大悲であります。

この事はまた無縁とは、有縁に対するものとして領知するを得るでありませう。この場合には衆生縁とは衆生としての縁といふことであります。親子・兄弟・同郷・同国等の縁であります。随って慈悲はこの衆生縁の親しいものには厚く、疎いものには薄くなるでありませう。それ故に衆生縁の慈悲は凡夫にもあるのであります。親の子に対する慈悲の如きは、正しく衆生縁の慈悲といふべきものでありませう。また法縁といふは同法の縁であります。同じ法を聞き、同じ法を行じ、同じ法を信ずる、その同法・同行・同信のものに対して現はるるものは、法縁の慈悲であります。それ故に法縁の慈悲は声聞・縁覚・菩薩等にもあるのでありませう。師の弟子に対する慈悲の如きは、正しく法縁の慈悲といはるべきものでありませう。これに対して仏心の大悲は無縁の衆生を摂せらるるのであります。仏と特別の衆生縁があるわけではなく、また仏法に就いては縁のない者をも捨てたまはぬのであります。有縁無縁の距てなき平等の大悲、それが無縁の慈悲といはるべきものであります。されば先に「念仏の衆生を摂取す」と説かれましたその光明は、実に「無縁の慈を以て諸の衆生を摂」せらるる慈悲から現はれたものであったのであります。「縁無き衆生は度しがたし」と言はれますけれども、実は縁無き衆生を度せんとする所に如来の大慈悲があるのである。それ故に善導大師も、機の深信には「無有出離之縁」と説き、法の深信には「衆生を摂受したまふ」と開顕せられました。されば縁なき衆生を如何にして救ひたまふのでありませうか。それは縁なき衆生に縁を掛けさせられてであります。（金子大栄選集『観無量寿経講話』二七五〜二七六頁）

『観経』「第九真身観」に「無縁の慈を以って諸の衆生を摂す」と説かれている「無縁の慈」とは、詳しくは「出離の縁有ること無し」ということである。このことは既に述べたところであるが、その「出離の縁有ること無し」、すなわち「無縁の慈」について、長々と引用してきたのである。

再び仏心大悲というところへ帰ってみることにしよう。「仏心」とは大悲心であり、大悲心とは「無縁の慈」すなわち「出離の縁有ること無し」ということであるが、その「仏心」を人格的にいえば「法蔵菩薩」というのである。

前には「曽我量深論集」第二巻『地上の救主』の「序」において、曽我量深が「私は初め

『観経』を一貫せる「仏心大悲（仏心とは大慈悲是れなり）」の教説を讃仰（中略）して止まなかった。しかしながら私はこの『観経』の隠彰の実義なる弥陀大悲本願（釈尊自身が救済されること）を徹底して、遂に因位法蔵菩薩の自証に進まずに居られなかった」と記していることを述べた。

「大悲」とは第一章において、法蔵菩薩という仏さまは、衆生を「摂して自らの体《たい》として、安危を共同」する仏さま、すなわち衆生の苦しみを我が苦しみとして、衆生の迷いを我が迷いとして、衆生と苦しみや迷いを共にされる仏さま、衆生と安危を共同する仏さまである。このように述べたのであるが、このことは唯識の『成唯識論』に述べられてある。それ故に法蔵菩薩という仏さまは我われ衆生と体を同じくして（同体して）本願をおこされるのである。このように我われ衆生と体を同じくされることを「同体の大悲」、あるいは「如来の大悲」というのである、と述べた。

このように我われと同体される大悲を、『観経』「第九真身観」では「仏心とは大慈悲是《これ》なり、無縁の慈を以って諸の衆生を摂す」と説かれて、これが『観経』の大精神をあらわすものである、と記されたものである。

このように唯識論を通すことによって、我われと深いところに同体される大悲を内面に感得することができるのである。これを『観経』「第九真身観」では「仏心とは大慈悲是なり、無縁の慈を以って諸の衆生を摂す」と説かれていることが了解できるのである。

「無縁の慈」とは「無有出離之縁《むうしゅつりしえん》」の大悲、すなわち如来の大悲ということである。若《も》しこの如来の大悲ということを我が身に感得せしめられる（同情する）ことがなかったならば、『観経』は全く了解できぬことになる。反対にこの「無縁の慈」「無有出離之縁」の大悲、すなわち如来の大悲を感得すれば、『観経』全体が名月を見るがごとく一目瞭然となるのである。そのことを今読んだ引用文では、「言《ことば》は極めて簡潔である。而もその簡潔なる所に無限の生命がある。唯此《ただこの》十五字（「仏心とは大慈悲是《これ》なり、無縁の慈を以って諸の衆生を摂す」）を以って『観経』を見るならば、『観経』一部の文々句々が皆如来大悲の涙の顕現にして、又釈尊の同情（釈尊ご自身が救済される）の涙の結晶にして、又王妃韋提希《いだいけ》の悲喜の涙の痕《あと》であることを見るであろう」と記されている。

したがって大悲の如来は、女性韋提の右胸より誕生するのである。いいかえれば大悲の如来は韋提希の愚痴と恨みから誕生するのである。それ故に如来を遠くに求める必要がない、韋提自身が則ち応身仏である。このことを教えるのが『観経』の至極の趣旨なのである。そのことを記す「空中の仏、地上の仏、心中の仏」の一部を引用してみよう。

我等は、更に此大慈悲の相を女性の一凡人韋提希の上に見ねばならぬ。已に善導の師、道綽大師は其の女性を大士（菩薩）と尊称し、親鸞聖人は厳粛なる王舎城の酸鼻（悲劇）の事実の上に、深き大聖《だいしょう》の矜哀《こうあい》（権化の仁）を感謝し給ひた。『観経』の弥陀如来は大聖釈尊の大悲の人格の面影をあらはすものとも見ることが出来る、而も我等は更に凡人韋提の面影を如来（応化身）の上に拝するのである。是『大経』の大智慧光明の如来は正しく文殊弥勒の如き大聖（聖者）の右胸より誕生し、『観経』の大慈悲の如来は正しく女性韋提（凡夫）の右胸より誕生し給ひた。如来を遠きに求むること勿れ、女性韋提は則ち宛然《えんぜん》たる応身仏である。是れ『観経』の至深の旨趣《ししゅ》である。（「空中の仏、地上の仏、心中の仏」選集二―二七一頁）

これは凡人韋提希のうえに仏心大悲を見出すことを教えられたものである。具体的には次のように記されている。

韋提希は何人である乎。要するに女性である、女らしき女である。唯《ただ》子阿闍世に対する時、無蓋の大悲仏心を顕現した。（中略）

韋提は万感涌き、又自ら慚愧して、自ら瓔珞を絶《た》ち、身を挙げて地に投げ、号泣して世尊に向《むか》て申した。「我は宿し何の罪ありてか此の悪子を生める。世尊は復何等の因縁ありてか提婆達多と共に眷属たるや」と。嗚呼《ああ》夫人の言は彼（韋提希）の偽《いつわり》なき至誠の告白である。先づ自己の不幸を悲んで愛子阿闍世を悪子と詈り、次で我子を誘惑せる提婆を怨み、進んで提婆と眷属の関係を有せる世尊の徳をすら疑怪《ぎかい》した。是れ誠に女性の面目である、凡夫の面目である。多情多恨の人間の面目である。而して智慧光の如来（『大経』の如来）は正しく此を叱咤《しった》し給ふ所である。而も大悲の如来（『観経』の如来）は正に是が為に超世の大願を興起し給ひた。誠に夫人の語は世の一切を咀《のろ》ふ悪魔の語である。而も今や驚くべし、此咀《のろい》の語の裡に如来大悲の涙が充ちて居る。見よ、弥陀如来は第七華座観に於て忽ち空中に住立してその大慈悲を証明し給ひ、釈尊は第十六観の所に於て、『大経』の弥陀の本願（第十八願）に先づ十方衆生を呼びつつ、結尾に唯除五逆誹謗正法と逆悪（五逆十悪）を除外例とせる、その真精神をあらはして、「五逆十悪、具諸不善」の極重悪人が正しく本願の正機にして、単に臨終の十念の念仏に依て必ず救済さるべきを示して、『大経』の本願に隠れたる逆悪正機の幽旨を開顕し給ひ、以て釈尊の大悲心（凡人韋提希と同体する大悲心）を最も明に表明し給ひてある。

然るに韋提夫人は已に序分に於て愚痴の咀の言の裡に、その大悲の仏性を顕彰し給ひた（愚痴と呪いのうちから、「我今、極楽世界の阿弥陀仏のところへ生まれたい」と願う心が現れてきた）。誰か彼（韋提希）の厳粛なる此告白に対して感動せざるものあらんや。此言が大聖釈尊を云何に深く動かし、又云何に深く如来の大精神を震動し奉りたであらふ。我等は今少しく此文字の意義に付て開陳し度いのである。

「我宿何罪《がしゅくがざい》（我宿《むかし》何の罪ありてかこの悪子を生ずるや）」の一句は誠に我等のまことである。

我等は罪悪の自覚と云ひ、機の深信と云ふ。而も一朝想はざる不幸に遭遇する時は、忽《たちま》ち「我宿何罪（我宿何の罪ありてかこの悪子を生ずるや）」と叫ぶのである。かくて自己の現在の不幸を以て、その原因を他人に嫁するのである。今や韋提は此をその子阿闍世に嫁して「生此悪子（我宿何の罪ありてか此の悪子を生ずるや）」と告白した。かくして彼は永く最後の責任者として阿闍世を悪《にく》みしや。否々、彼は一度阿闍世を悪子と罵りつゝ、忽ち一転して、更に此を提婆達多に嫁したのであつた。而してかの提婆を眷属としつゝ、此を感化し給はざりし無上法王釈尊の威神を疑ひ又怨み奉りたのである。

惟ふに至純無雑の人情は唯慈母の子を想ふ心にのみ現はるる。その他の一切の愛には必ずその対象の上に何等の条件を要求する不純の心情がある。阿闍世は利劍を取りてその母を害せんとす。又母を呼んで賊なりとす。是《これ》極悪の子が慈母の最も深く忘失すること能はざる所である。慈母は偏に悪子を念ずる。「是旃陀羅、不宜住此（これ栴陀羅《せんだら》なり。宜《よろ》しく此に住すべからず）」と一切同胞や聖賢に捨てられた無縁の子を摂取する（無縁の子を摂して自らの体とする）が慈母の恩である。縁なき衆生は度し難しと云ふ、而もその無縁の衆生（と同体して、無縁の衆生）を度する所が無縁の慈悲である、無縁の慈悲が慈母の慈悲である。是れ宛然たる「仏心者大慈悲是（仏心というは大慈悲これなり）」の相ではない乎。我等は韋提の悲泣の表白の裡に無縁大慈の勅命を聞き、「自絶瓔珞、挙身投地（自ら瓔珞を絶ち、身を挙げて地に投ぐ）」の身業の上に正しく「住立空中、立撮即行（空中に住立したもう。立ちながら撮りて即ち行く）」の如来の相を拝するを得ること、何たる難有きことであらふ。

如来は実在せりや、如来の無縁の大悲とは何ぞや。此れ今日の多くの人々の疑問である。否、現に私の疑である。否、過去の聖賢の疑問であつた。誠に王妃韋提の衷心の疑問であつた。而して釈尊は此に向て高遠なる説明を下し給はなかつた。形而上的空想何の要かあらん、何の功かあらん。韋提は正《まさ》しく現在の実証を要求して居る。而して実証は正しく韋提の心中に在る（如来の実在を要求するところに在る）。一切衆生は是れ疑見の劒を以て親《みずか》ら大悲如来を害せんとする阿闍世太子ではない乎、如来の大悲とはかゝる悪子の上に偏に同情の想をそゝぐ慈母韋提汝自らではない乎、韋提よ、汝が真に悪子を想ひ捨つることの出来ぬことが事実である限りは、汝を救済し給ふ如来大悲の実在は何ぞ疑を容れんや、確証は汝が胸に在り、諸仏如来（阿闍世）は今や汝の心想中に入り給へるを見よ。是れ『観経』一部の所説である。而して是経が実功ある所以である。（「空中の仏、地上の仏、心中の仏」選集二―二七一～二七五頁）

如来は全く罪悪生死の凡人に同化し、父たる権威を捨てて、哀れなる悲母と現じたのである。大慈悲の如来は、女性韋提希の右胸より誕生する。如来を遠きに求めることなかれ、これ『観経』の至極の趣旨である。

畢竟『観経』は慈母の偏《ひとえ》に悪子を感念する事実を以て、如来の大悲を証顕するものである。我等にして一度、自己心中の仏（阿闍世）を見るならば、地上の仏たる釈尊の教と、空中の仏たる弥陀の救済とを自然《じねん》に証得することが出来ることを示すものである。

（「空中の仏、地上の仏、心中の仏」選集二―二七七頁）

「自己心中の仏」とは、前の引用の文中で、「如来は実在せりや、如来の無縁の大悲とは何ぞや。（中略）而して実証は正しく韋提の心中に在る」ところの「悪子」阿闍世である。如来を遠きに求めるなかれ、大悲の如来は韋提希自身の心中、足もとにあるを感得するならば、「地上の仏」である釈尊と、「空中の仏」である弥陀を「自然《じねん》に証得することが出来る」ことを教えられたものである。大事なことは、心中の仏《阿闍世》たる諸仏如来によって、如来の大悲を証顕することである。

以上、「仏心とは大慈悲是れなり」と説かれていることを中心として、仏心とは大悲であり、それは「無有出離之縁」の「無縁の慈」であり、それを人格的にいえば法蔵菩薩という仏さまであることを学んできたのであるが、この「仏心大悲」ということについては、「選集」第二巻を中心に、諸処に見出すことができる。それらの本文は割愛するが、出典だけを挙げてみれば次のようになる。

「本願の仏地」　選集五―三二二～三二六頁
「三願より発足して十重の一体に到達す」　選集二―三七九頁
「空中の仏、地上の仏、心中の仏」　選集二―二七一～二七七頁
「凡人の右胸より誕生したる如来の宗教」　選集二―二五二～二五三頁

以上のごとく、『観経』「第九真身観」の「仏心とは大慈悲是なり、無縁の慈を以って諸の衆生を摂す」、すなわち「仏心大悲」という一句は、『観経』の要となるところであるが、この「仏心大悲」ということを、我が祖聖親鸞は「隠彰《おんしょう》の実義《じつぎ》」とも、あるいは「顕彰隠密《けんしょうおんみつ》の義」ともいっている。

故に、章を改めて、『観経』の「隠彰の実義」ということ、詳しくは「顕彰隠密の義」を考えてみることにする。

第四章　曽我量深の顕彰隠密観

第三章において、法蔵菩薩という仏さまとは、『観経』「第九真身観」に「仏身を観るを以っての故、亦仏心を見る。仏心とは大慈悲是なり」と説かれている「仏心」そのものであることを学んできた。これが『観経』の如来である。いわゆる『観経』の如来とは法蔵菩薩という仏さまであり、それはそのまま「大悲の如来」といわれている所以《ゆえん》である。

曽我量深は『観経』の釈尊、および『観経』に説かれている「大悲の如来」について、『七祖教系論』に次のように記している。

『観経』を見よ、その教主世尊が自己の威神を忘れて、唯同情深き一人間として忽然として深宮に来現し給へるが如く、弥陀如来も亦その尊徳を忘れて空中に住立《じゅうりゅう》し給へる大慈悲者である。されば第九真身観には、具《つぶさ》に如来の相好光明（仏身）を観ずるの途《みち》を教へ、後《のち》一転して仏身を観ずるものは自然《じねん》に仏心を見ると説き、仏の心（仏心）を見るを以て観門の至極となし、直に「仏心者大慈悲是（仏心とは大慈悲是なり）」と断定する。是れ正に『観経』一部（全体）の真精神である。この仏心大慈悲の経文を一経（『観経』）の背景として、定散十六観（『観経』の説法）は開説せられたのである。この故に我等はこの仏心大悲の経文を心頭に置く時、一経（『観経』）は掌中を観るが如く明瞭となる。

経（『観経』）の隠彰の実義とは、即ちこの仏心大悲の精神そのものに他ならぬ。是れ即ち、韋提夫人に対する世尊の深き同情（同体感情）の涙は、直ちに弥陀大悲の願心を開顕して余蘊なきものである。されば『大経』が偏に如来の智慧を説くに対して、『観経』は専ら如来の大悲を顕してある。

（「七祖教系論」選集一―四七頁）

曽我量深は、『観経』は釈尊が韋提希の為に説かれた経典ではない。釈尊に呪詛を述べる「韋提希」を浄玻璃鏡として、釈尊ご自身が「凡夫」であることを自覚されて、その凡夫としての釈尊が救いを求めて歩まれた「自叙伝」が『観経』であると観る。そのことを今の引用文では、「教主世尊が自己の威神を忘れて、唯同情深き一人間として忽然として深宮に来現し給へるが如く……」と記されている。

それ故に曽我量深は、『観経』の釈尊は、「化他《けた》（他の人を救うこと）に仮るとはいふものの、深く考ふる時は、釈尊の自行《じぎょう》（自ら歩まれたこと）の表白《ひょうびゃく》である」（「七祖教系論」選集一―八九頁の取意）

といわれる。すなわち『観経』は韋提希を救済する経典のようであるが、深く考えれば、韋提希を前にして、釈尊ご自身が救いを求めて「定善」「散善」の行を実践された表白であると観るのである。

あるいは『観経』に説かれている阿弥陀如来についても、韋提希が観た阿弥陀如来は「尊徳を忘れて空中に住立《じゅうりゅう》し給へる大慈悲者である」と記されている。曽我量深は、『大経』の教主釈尊が巍々《ぎぎ》たる光顔《こうげん》を現じて大寂定《だいじゃくじょう》に入り、智慧の無極を証明し給へるが如く、それに現れたる弥陀は無限の智慧者として示さるる（「七祖教系論」選集一―四七頁の取意）と記されているのに対して、『観経』の如来とは大慈悲の如来であることを記されたものである。

そして「定善」の自力の行を実践する『観経』の釈尊は、ついに自力に行き詰まり、その極み、「第九真身観」において「仏身を観るをもってのゆえに、また仏心を見る。仏心とは大慈悲是なり」ということを感得したと説かれている。「仏心とは大慈悲是なり」ということを、以下は略して「仏心大悲」ということにするが、これは「定善」を実践する釈尊は、最後に「仏心大悲」を感得されたと、このように説かれたものであって、そこを今の引用文には「仏の心を見るを以て観門の至極となし、直に「仏心者大慈悲是（仏心とは大慈悲是なり）」と断定する」と記された。これは釈尊ご自身が救済されて大悲の如来を感得されたことを、このように記されたものである。韋提希が救済されたのではない、釈尊ご自身が救済されたのである。このことを今の引用文には「是れ正に『観経』一部（全体）の真精神である。この仏心大慈悲の経文を一経（『観経』）の背景として、定散十六観（『観経』の説法）は開説せられたのである」と記されているのである。釈尊自らが救済されたことを「仏心とは大慈悲是なり」と説かれたのであった。このことが『観経』の眼目なのである。そしてここから『観経』を見れば「一経（『観経』）は掌中を観るが如く明瞭となる」と記されたのである。

　しかし釈尊ご自身が如来の大慈悲を感得して救いを得ることができたことは、『観経』の経文には説かれていないのである。なぜならそれは釈尊ご自身の自覚の内容であって、言葉には表現することができないからである。このように経文にあらわすことができない釈尊のおこころを「隠彰の実義」という。それは釈尊の信念の内容であるから、言葉を超えたものである。そこを今の引用文では「経（『観経』）の隠彰の実義とは、即ちこの仏心大悲の精神そのものに他ならぬ。是れ即ち、韋提夫人に対する世尊の深き同情（同体感情）の涙は、直ちに弥陀大悲の願心を開顕して余蘊なきものである」と記されたのであった。

　したがって今の引用文に「『大経』が偏に如来の智慧を説くに対して、『観経』は専ら如来の大悲を顕してある」といわれる所以である。

　では『観経』は専ら如来の大悲を顕わしてある、とはいかなることであろうか。あるいは釈尊が「仏心とは大慈悲是なり」ということを感得して釈尊ご自身が救済を得ることができたことが『観経』の「隠彰の実義」といわれるが、「隠彰の実義」とはどういうことであろうか。第四章では、これらの問題を明らかにしていきたいと思う。

まず「隠彰の実義」ということについて考えてみることにする。「隠彰の実義」とは従来より「隠顕《おんけん》」あるいは「顕彰隠密《けんしょうおんみつ》の義」ともいわれてきた。そこで「隠彰の実義」「顕彰隠密の義」「隠顕」ということの内容に入る前に、まず「顕」とか「隠」という文字の意味について触れていきたいと思う。

そこで「顕彰隠密」という四字の意味であるが、曽我量深は「顕」と「彰隠密」の二つにわけて見ているのである。とくに「彰隠密」の三字を「彰」という一字であらわす場合もあり、あるいは今引用した文中で「隠彰の実義」と記されているように「隠彰」という二字であらわす場合もある。しかし「彰隠密」の三字はいずれも意味は同じことである。

顕も彰もともにあらわすという意であろうが、それよりも彰は「あらわれる」という意であります。それに対して顕は「あらわす」という義である。つまり顕はお釈迦様があらわに「あらわす」という意。彰は釈尊の「あらわす」という顕の意をこえて、「あらわれてくる」。

どちらもあらわすといってもよいけれども、或いはあらわるといってもよいが、厳密には（顕は）「あらわす」、（彰は）「あらわれる」ということが出来る。（中略）『観経』のお経の言葉は方便、その方便の中に真実が「あらわれてくる」、それが彰。

隠は「かくれている」。かくれているが、それをみる眼のある人にはあらわれる。あらわれるが、みる眼のない人にはかくれている。わざとかくしておくのでないが、眼のある人にはあらわれ、ない人にはかくれている。かくしておくのでないが、かくれている。隠はかくすとも、かくれるともいうが、これは真実がかくれるということでありましょう。

密というは秘密。これをみる眼のある人には公開されてあるが、眼のない人には非公開、秘密であります。

（講義集七―四七頁）

これは「顕彰隠密」の四字の意味を述べられたものである。「顕」は経典の文字として「あらわす」ことであるのに対して、「彰」は「あらわれてくる」ということである。何が「あらわれてくる」のか、それは「隠」があらわれてくるのである。

では「隠」とは何か――、以下は「隠」について。「隠はかくれている。かくれているが、それをみる眼のある人にはあらわれる。みる眼のない人にはかくれている。眼のある人にはあらわれ、ない人にはかくれている」といわれていることに留意しておきたい。それは最後に触れることになるが、「みる眼」があるか否かによって、かくれている「隠」がかくれたりあらわれたりするのであるから、「みる眼」が殊に大切である。

ではかくれている「隠」とは何か。「隠」とは釈尊が感得された釈尊のおこころ、それは前に述べた釈尊の自覚、すなわち釈尊の精神である。それは言葉で表現できないものであるがゆえに、「隠」とも「隠彰の実義」ともいうのである。

次に「顕彰隠密の義」すなわち「隠彰の実義」について学んでいくことにする。曽我量深は「顕彰隠密の義」について次のように述べている。

『観経』は一代仏教の縮写、現実界の浄玻璃鏡、現実の人としての釈尊を最もよく示されたものである。『観経』に付ての眼を開く時、同時に一代仏教に付ての眼が開けるのである。而して釈尊の内的生活に眼が開けるのである。

わが祖聖は自己の現実相を釈尊の上に観ぜられた。すなはち『観経』に対して如何《いか》に厳正にして、而して熱涙ある観照をせられたかはその隠顕の判釈で知れる。

釈家《しゃっけ》（善導）のこゝろによりて、無量寿仏観経を按ずれば、顕彰隠密の義あり。顕といふはすなはち定散《じょうさん》の諸善をひらき、三輩の三心をひらく、しかるに二善と三福とは報土の真因にあらず、諸機の三心は自利《じり》各別にして利他《りた》の一心にあらず、如来の異《い》の方便、欣慕《ごんぼ》浄土の善根なり、これはこの経のこゝろ、すなはちこれ顕の義なり。
彰といふは如来の弘願《ぐがん》（本願）をあらはし、利他通入《つうにゅう》の一心を演暢《えんちょう》（あらわ）す。達《だっ》多《た》（提婆達多）・闍世《じゃせ》（阿闍世）の悪逆によりて、釈迦微笑の素懐をあらはし、韋提《いだい》（韋提希）別選《べっせん》の正意《しょうい》によりて、弥陀大悲の本願を開闡《かいせん》す、これすなはち、この経の隠彰《おんしょう》の義なり。

（『真宗聖典』三一一頁）

まことに『観経』の文字（顕）を通して、これに表現せる釈尊の内的生活（隠）に触れられたのである。而して常在霊山《じょうざいりょうぜん》の久遠《くおん》の釈尊に接せられたのである。

（「真仏国の聖衆」選集三―七四～七五頁）

今の引用文の冒頭、①『観経』は一代仏教の縮写である、と記されているが、これはどういうことであろうか。②「現実界の浄玻璃鏡」「現実の人としての釈尊」とはどういうことであろうか。あるいは引用文の最後、③「釈尊の内的生活」とはどういうことであろうか。

いろいろと疑問がおこるが、これらのことについて考えていきながら、先ず『観経』の「顕彰隠密の義」といわれることを明らかにしていきたいと思う。

親鸞聖人が今述べた「顕彰隠密の義」にかかわるいろいろの疑問について明らかにされているのが、「釈家（善導大師）のこころによりて、無量寿仏観経を按ずれば、顕彰隠密の義あり」に続く『教行信証』化身土巻の文である。「釈家」とは善導大師のことである。では「釈家のこころ」とは何か、それは「顕彰隠密の義」といわれる『観経』の読経眼である。「顕彰隠密の義」とは、親鸞聖人が初めていわれた読経眼であるといわれているが、そうではない、善導大師が教えられた『観経』の読経眼である。

その「顕彰隠密の義」とは、前の引用文において触れたように、「顕」とは経文に「あらわす」ことであり、「彰」とはかくれているもの（隠彰の実義）が「あらわれてくる」ことである。化身土巻の文では、「あらわす」ところの「顕」については、

《「顕」について》顕といふはすなはち定散の諸善をひらき、三輩の三心をひらく。しかるに（定散の二善を実践し、三輩の三福を実践した結果）二善と三福とは報土の真因にあらず（ということを感得することができた）、諸機の三心は自利各別にして利他の一心にあらず、如来の異《い》の方便、欣慕《ごんぼ》浄土の善根なり（ということを感得することができた）、これはこの経のこゝろ、すなはちこれ顕の義なり。

と記されている。これは『観経』の経文として顕されている文字について記されたものである。それに対して「あらわれてくる」ところの「彰」については、

《「彰」について》彰といふは如来の弘願（本願）をあらはし、利他通入の一心を演暢《えんちょう》す。達多（提婆達多）・闍世（阿闍世）の悪逆によりて、釈迦微笑の素懐をあらはし、韋提（韋提希）別選の正意によりて、弥陀大悲の本願を開闡す、これすなはち、この経の隠彰の義なり。

と記されている。これは『観経』の経文にはないが、親鸞聖人が、提婆達多・阿闍世の悪逆によって釈尊自らが求道されたことを「釈迦微笑の素懐（出世本懐）」と感得されてこのように記され、韋提希の「極楽世界の阿弥陀仏の所に生まれたい」という願求《がんぐ》（「別選の正意」）によって、釈尊自らが「第九真身観」において「弥陀大悲の本願を開闡す」、つまり前に述べた「仏心大悲」を感得したと記されている。これは『観経』の経文には説かれていないところであるから、「これすなはち、この経の隠彰の義なり」と記されたのであった。

このように『観経』には、経文には説かれていない釈尊の自覚が隠されているのである。では釈尊の自覚とはどういう自覚であるか。それは釈尊ご自身が「如来の弘願《ぐがん》（本願）」を感得したことである。その釈尊が感得した内容は「隠彰の実義」である。

すなわち『観経』という経典は、経文としては（顕には）釈尊が定善・散善という自力の行を行じられたことが説かれているが、その定善・散善の自力の行を実践した結果、はからずも釈尊が「如来の弘願（本願）」を感得したのであった。しかし『観経』にはそのことが隠されているのである。隠されているといっても無理に隠しているのではない、「それをみる眼のある人にはあらわれる。みる眼のない人にはかくれている」というのである。要するに前にも申したことであるが、「みる眼」によってあらわれたりかくれたりするので、大事なことは「みる眼」である。

①〈『観経』は一代仏経の縮写である〉

ではいろいろの疑問について、第一の、『観経』は一代仏教の縮写である、とはどういうことであろうか、という疑問から考えてみることにする。このことについて曽我量深は、まず釈尊が一代にわたって説かれた一代仏教の教えについて次のように記されている。

> 釈尊を現実の方面より観察して、之（釈尊）を求法《ぐほう》の一行者となし、特に意志の一面を重んじ（中略）専ら切実なる実行的訓言を録するは『阿含経』である。我等はこの経に依りて、生涯、道の為に奮闘したる人間の相《すがた》を観る。釈尊の出家発心の動機が、人間の必然の運命なる老病死の事実に在るのみならず、成道以後（見道以後）に至りても亦常に老病死を実験して、淳々として之を説き、人生の恃《たの》むべからざるを訓《おし》へて切に解脱《げだつ》を勧励し給ふ。（中略）かくして『阿含経』は釈尊を実行の人として、著々《ちゃくちゃく》自己の面目を実現せる自力修行の人となし、その円寂を以て自力修行の勝利の証明であるとする。
>
> 更に『法華経』を見るに、釈尊五十年の生活も自利向上の為でなく、全く利他向下の活動

であるとする。是れ独り成道《じょうどう》以後に止まらず、成道以前の一切の活動も悉く他の人類化益《けやく》の為に出現し給へるものとする。換言すれば、『阿含経』には成道以前の自利であるは勿論、成道以後の説法までも皆悉く自利の生活とするに対して、『法華経』は八十年間の生涯を挙げて、常寂《じょうじゃく》の浄土より且く迹《あと》を現実界に垂《た》れたるものとする。即ち「寿量品《じゅりょうぼん》」に至りてその本門《ほんもん》を開顕して久遠実成《くおんじつじょう》とする。『阿含経』が専ら実行を重んずるに対して、『法華経』は偏に観想を尊び、前者が釈尊を生死界の修行者とするに対して、後者は之を涅槃界の救済主とし、前者の釈尊は衆生を率ひて涅槃界に向ひ、後者の釈尊は涅槃界を出でて生死界に影現する。前者の釈尊は能力の人であり、後者の釈尊は智慧の人である。前者は能力に依りて智慧を求め、後者は智慧に依りて大悲を起す。前者は専ら釈尊の現実を顕し、後者は専ら釈尊の理想を顕すに勉めたのである。随つて前者の釈尊は現実界の人であり、後者の釈尊は全く理想界の人である。随つて前者の釈尊は崇高なる模範的人格としてその教訓の上に感化の力あるに止まれども、後者の釈尊は人類の救主として直に信仰の対象として宗教の本尊となる。

かく『阿含』『法華』両経の示す所、一は絶大の能力者とし、一は無限の智慧者として、一見天地の懸隔があるやうに見ゆれども、共に絶大の偉人とするに至りては両者の共通点である。

（「七祖教系論」選集一―八七頁〜八八頁）

曽我量深はこのように釈尊一代の仏教を『阿含経』と『法華経』に代表して記しているのである。すなわち小乗仏教を行ずる釈尊の精華を『阿含経』に象徴し、大乗仏教が最も尊ぶ観仏の道を『法華経』に象徴して、このように記されたのである。共に自力の行を実践する（修道する）釈尊が説かれているのである。

かく小乗の『阿含』に於て力の釈尊を見、次で大乗の『法華』に於て智慧の釈尊を見たる我等は、他力の経典に於て云何なる相を見るか。

『大経』の釈尊は（中略）弥陀の本願が釈尊の信念であるとするも、かかる信念に到達し給ひた道程を示すことがない。換言すれば、単にその所信の弥陀の相を詳《つまびら》かにすれども、能信の釈尊の相を顕さぬ。而してこの能信の釈尊の相を顕し、彼が他力の信心に入り給へる過程を明かにするものは即ち『観経』である。蓋し『観経』の「定善」十三観は正しく韋提の請《こい》に応じて内観冥想の要路を説き、「散善」九品は遥かに未来の衆生の為に廃悪修善の法を説く。かく名を化他《けた》に仮《かり》るとはいふものの深く考ふる時は、この定散十六観は釈尊の自行の表白である。（中略）

故に「定善」十三観の中には遍く大乗経典を総括して、釈尊の冥想内観の生活を顕すものと見ることが出来る。而も深く理を愛し智を欲し給ひし彼が、果して之を成就せしやと云ふに、彼は深く智を求むるの極、却て自己の絶対の無智に到達し給ひた。故に定善観の中心なる真身観（「第九真身観」）には、先づ広く如来の相好《そうごう》光明を説きたる後、遂に仏心大悲を顕彰したのである。されば仏心大悲の事実は、誠に釈尊が冥想内観に依りて親証反顕し給ふ所であつて、冥想的なる大乗仏教の終局とせなければならぬ。

かく定善観を以て『法華』等の大乗経典を総括するものとすれば、「散善」九品は正しく散行を主とする小乗経典の要を総括するものとなすを得るであらう。されば散善段は善を行じ力を求むる釈尊の生活を示すと共に、この廃悪修善の到達点の云何《いかん》を明かにする。勉めて善力を求むる所の釈尊は、終に最も深き罪悪無力の自覚に到著し、之に依りて易行の念仏を実験し給ひたることを示すは散善段である。即ち「定善」の中心を真身観とすれば、「散善」の終局は下々品に在る。是を以て見るに、下々品の五逆十悪、具諸不善の悪人とあるは、自観せる釈尊の実相を示すものとせなければならぬ。

（「七祖教系論」選集一―八八頁～九〇頁）

『法華経』（大乗仏教を代表）――『観経』の定善――無智――仏心大悲（第九真身観）
『阿含経』（小乗仏教を代表）――『観経』の散善――無力と罪悪――易行の念仏（下下品）

今引用した文中、『大経』の釈尊は（中略）弥陀の本願が釈尊の信念である、と記されていることは、『大経』に説かれている如来の本願、別して四十八願とは、釈尊ご自身の他力の信念を発表されたもの、ということである。そしてその如来の本願を発表する『大経』の釈尊を「所信の弥陀の相《すがた》」と記されている。すなわち『大経』に説かれている「如来の本願」は釈尊の他力信念を発表されたものであるが、しかし釈尊がどうしてかかる他力の信念に到達することができたのか、ということは『大経』には説かれていない。その説かれていない他力の信念に到達したまいた道程をあらわすものが『観経』の釈尊である、と曽我量深は教えるものである。その『観経』の釈尊を、ここでは「能説者の釈尊」と記されている。すなわち「能説者の釈尊」である「彼が他力の信心に入り給へる過程を明かにするものは即ち『観経』である」と記されたものである。

したがって『観経』は化他のため（他の人を救うため）に説かれたものではない、釈尊自らが救いを求めて歩まれた道程を発表されたものである、ということを今の引用文に記されたのである。そこを今の引用文では、『観経』の「定散十六観は釈尊の自行の表白である」と記されたのである。一般には『観経』は韋提希のために説かれた経典であるといわれているが、韋提希の救済のために説かれたのではない、「釈尊の自行の表白である」ことに留意しなければならない。

就中、『観経』の「定善」十三観は『法華経』に代表されるあらゆる大乗経典を総括して、釈尊の冥想内観の生活を顕すもの（取意）と見て、また『観経』の「散善」九品は『阿含経』に代表されるあらゆる小乗経典の要を総括するもの（取意）と見るのである。これはいいかえれば、釈尊一代の仏教を『観経』の「定善」「散善」に統一する、という見方である。このことを、『観経』は一代仏教の縮写である、といわれた。

これは大胆な発言であるが、実はこのように『観経』を見るのは曽我量深だけに限ったものではない。徳川時代中期に記された「真宗相伝義書」においても、『観経』は釈迦一代八万四千の経典の略経である（取意）と云われている。略経とは、釈尊一代に説かれた八万四千の経典を『観経』の「定善」「散善」に凝縮して説かれた経典という意味であろう。したがって曽我量深が『観経』は一代仏教の縮写である、というのは決して曽我量深だけの独想ではない、といわなければならない。

②〈「現実界の浄玻璃鏡」「現実としての釈尊」とはどういうことであろうか〉

では『観経』において釈尊が歩まれた結果はいかん。「釈尊の自行」の結果はいかん。そのことについて、釈尊が「定善」十三観を実践した結果、「深く理を愛し智を欲し給ひし彼が、果して之を成就せしやと云ふに、彼は深く智を求むるの極、却て自己の絶対の無智に到達し給ひた」と記されている。これ釈尊が歩まれた自力の極みを記されたものである。そしてこの自力の極みに他力の信念が開かれてきたことを説かれたのが、『観経』「第九真身観」の「仏心とは大慈悲是なり」という釈尊の告白であった、ということはすでに述べたところである。しかしこの他力の信念に到達したまえるところが、単に『観経』のみならず、「冥想的なる大乗仏教の終局」であると記されているところは留意しなければならないところであろう。これ、前の引用文において、「現実界の浄玻璃鏡」と記されている所以であり、浄玻璃鏡の前に立つ釈尊の信念の告白であった。そしてその釈尊を「現実の人としての釈尊」と記されたのであった。

あるいは「散善」において「善を行じ力を求むる釈尊」が、その「散善」を実践した結果はいかん。そこを「勉めて善力を求むる所の釈尊は、終に最も深き罪悪無力の自覚に到著し、之に依りて易行の念仏を実験し給ひたることを示すは散善段である」と記されている。これ「定善」の釈尊と同じく、「現実界の浄玻璃鏡」の前に立たれた釈尊であり、「現実の人としての釈尊」を記されたものである。

以上は「現実界の浄玻璃鏡」「現実の人としての釈尊」と記されていることについて引用したものである。

かくて釈尊がいかにして他力の信心に入り給へるか、その過程を明かにするものが『観経』という経典である（取意）と云われる所以である。

③〈「釈尊の内的生活」とはどういうことであろうか〉

かく観じ来れば、『観経』一部は、大小二乗の要義を定散二善に摂し来りて、この定散、智行の二大浄玻璃鏡を開き、之に対して釈尊は深く自己の無智と無力との実相を証顕し、依りて如来の大悲の願心と易行の念仏とを開顕し給ひたのである。かくて釈尊の自力的生活の上に他力信心の存在を証明し、又彼が云何にして他力信心を開発し給へるかの道程を明かにするのは『観経』の面目である。

（「七祖教系論」選集一―九〇頁）

今の文中において、「『観経』一部は、大小二乗の要義を定散二善に摂し来りて、この定散、智行の二大浄玻璃鏡を開き、之に対して釈尊は深く自己の無智と無力との実相を証顕し、依りて如来の大悲の願心と易行の念仏とを開顕し給ひた」と記されている。このことは、釈尊が「定善」「散善」の智と行の自力の行を実践して、その自力の究極において無智と無力とを体験した結果、はからずも「如来の大悲の願心と易行の念仏」を開顕することができたことを述べられたものである。これは曽我量深が、『観経』の経文（顕文）には説かれていない、釈尊の「内的生活」をこのように記したものである。釈尊が「定善」「散善」の自力を実践した結果、最後に他力の「如来の大悲の願心と易行の念仏」を感得したことを記したものである。これは釈尊の内面のことであって、『観経』の経文には説かれていないところであるから、これを「隠彰の実義」といわれたのである。否、『観経』に説くところの如来の大悲と易行の念仏は、単に『観経』の釈尊だけではなしに、一代仏教を説く釈尊の人格の裡《うち》に隠れたる釈尊の「内的生活」、すなわち釈尊の信念を彰《あらわ》されたものといわなければならないだろう。この釈尊の信念を「隠彰の実義」といわれたものである。

＊

以上、『観経』の釈尊を通して、能説者としての「釈尊の大精神」がいかなるものであるのか、を明らかにし得たと確信する。

以下はこの『観経』の釈尊、すなわち能説者としての「釈尊の大精神」に触れられた釈家（善導大師）の読経眼、ならびに善導大師のこころによって読まれた親鸞聖人の『観経』の読経眼に触れてみることにする。親鸞聖人は、後で引用することにするが、「自己の現実相を（『観経』の）釈尊の上に観ぜられ（中略）而して熱涙ある観照をせられた」と、曽我量深は記している。その読経眼は親鸞聖人が隠顕の二面より『観経』を読まれた「顕彰隠密の義」といわれる読経眼であった。

では親鸞聖人の「顕彰隠密の義」といわれる読経眼とはいかなる読経眼であろうか。そのことに触れる前に、一般にいわれている「顕彰隠密」観について取りあげてみることにする。

曽我量深は古来より伝えられてきた「顕彰隠密」観に対して厳しく批判しているのであるが、それはどのような「顕彰隠密」観だろうか。

『観経』は顕文には定散二善と念仏とを説けども、その念仏は顕文上には散善中の一行に過ぎぬ。されば『観経』の顕文は全然定散二善を説くと云はねばならぬ。然るに流通《るずう》附属の経文（「汝、好くこの語を持《たも》て。この語を持てというは、すなわちこれ無量寿仏の名を持《たも》てとなり」）に至りて専ら念仏一行を勧進《かんじん》するより逆観すれば、『観経』一部（全体）の隠彰の実義は一経（『観経』の）始終、専ら本願念仏の一行を密説《みっせつ》するの外なし。此れ古来宗学者の隠顕観である。

（「隠顕」選集四―三二六頁）

古来の宗学者はこのように『観経』を見ているのである。つまり『観経』は、顕文上には（経典の言葉としては）「定善」「散善」の二善と念仏とを説いているが、「定善」「散善」は『観経』の説法の中心であって、念仏は顕文上には「散善」の中の「下下品」、および「流通分」に説いている一行に過ぎない。しかしその「流通分」に説かれている念仏の教えから逆観して読めば、『観経』一部（全体）は専ら本願念仏の一行を密説する、と教えている。

したがって『観経』に散見する一々の経典の言葉を隠と顕を見分け、隠と顕を一枚の紙の裏と表のごとく、一文両義でもって考えている。このように古来の宗学者は『観経』を読むのである。しかしこのような読み方は経典の一つの解釈であって、親鸞の見解でない。したがって曽我量深は、釈尊がいかにして艱難辛苦して獲得した他力信念であるか、という釈尊の「内的生活」にふれず、文字の上にあらわれた経典の言葉だけを解釈して、能説の「釈尊の大精神」にふれようとしない古来の宗学者に対して厳しく批判することは当然のことである。

同じことであるが、古来の宗学者を批判して、次のように記している。

（古来の宗学者は）経文の紙の裏にでもある様に心得、隠《おん》と云へば何でも文字に見へてはならぬと云ひ、隠顕の文字に拘《くく》られて仕舞ふ。畢竟、彼等は隠顕二義を客観的なる法門としてあつかひ、二つを角力《すもう》の如く思うて居る連中である。彼等の隠顕は我より見ればつまり顕の一面である。比較的浅き廃立《はいりゅう》すら彼等には分らぬ、況んや隠顕の深義が云何にして法門取扱人に分らふや。私は此点に於て、古来の多くの講録を抹殺する必要を痛切に感ずるものである。

（「三願より発足して十重の一体に到達す」選集二―三八五頁）

「法門取扱人」に対する非常に厳しい批判である。古来の宗学者の云わく、『観経』に説かれている経文の文字は顕文であり、その内面的な意味が隠意であるというて、隠意とは「経文の紙の裏にでもある様に心得、隠と云へば何でも文字に見へてはならぬ」ように教えるのである。古来の宗学者は「顕彰隠密の義」すなわち「隠顕」をこのように教え、今日でもそのように教えられているのである。結局は「隠顕の文字に拘《くく》られて仕舞ふ」法門上のことで終って、我われの信仰とは何らかかわらないのである。まことに浅薄皮相な「顕彰隠密」観で、慚愧に堪えないのである。

では曽我量深は「顕彰隠密の義」をどう見るのか。

我按ずるに、顕とは所説の経の文字を指し、隠とは能説の釈尊の精神を指す。隠彰の実義は釈尊の信念である。釈尊の信念界は唯我々の信念の実験によりて触知《しょくち》し得るのである。かくて隠顕なるものは、純信念上の事実にして、全く学問論議を超越して居る。それが経の文字に顕はれて居やうが、全く見えまいが、そが釈尊の真信念であるならば隠彰の実義であると信ずる。

此意義に於て我は『観経』一部の背景なる「仏心者大慈悲是（仏心とは大慈悲是なり）」の一句の如き、最大の隠彰の文字と信ずる。「念仏衆生、摂取不捨（念仏の衆生を摂取して捨てたまわず）」の文字も隠彰の文字と信ずる。信眼なきものには他力弘願は秘密である。信眼の前には秘密は公開せられてある。

（「隠顕」選集四—三二六〜三二七頁）

ここに曽我量深の顕彰隠密観が述べられている。すなわち「顕とは所説の経の文字を指し、隠とは能説の釈尊の精神を指す。隠彰の実義は釈尊の信念である」と記されているが、そのことは前の引用文ですでに述べたごとく、釈尊が「定善」「散善」の自力の行を実践したその極みに、はからずも「如来の大悲の願心と易行の念仏」を感得されたのであった。しかしこのことは「釈尊の信念」の内容であって、経文としては説かれていない故に、「隠彰の実義」という、ということもすでに述べた。それ故にこの引用文において「隠顕なるものは、（釈尊の）純信念上の事実にして、全く学問論議を超越して居る」と述べられる所以である。

このように『観経』の経文にあらわれていない「（釈尊の）純信念上の事実」が「隠彰の実義」であると教える曽我量深と、「経文の紙の裏にでもある様に心得」ている古来の宗学者の顕彰隠密観と大いに異なるところである。

では我われはどうして釈尊の信念界なる「隠彰の実義」に触れることができるのだろうか。釈尊の信念に触れるためには釈尊の信念の領域、すなわち釈尊の信念界に入らなければ触れることはできないのは当然であるが、では我われはどうして釈尊の信念界に入ることができるのだろうか。ここが「隠彰の実義」を感得する要である。そのことについて曽我量深は、「釈尊の信念界は唯我々の信念の実験によりて触知し得る」という。それはすなわち我われが釈尊の信念と同じく、如来回向の他力の信念を感得することによってのみ、釈尊の信念界なる「隠彰の実義」を「触知《しょくち》し得る」ことができる、といえる。

故に「信眼なきものには他力弘願は秘密である。信眼の前には秘密は公開せられてある」といわれる所以である。あるいは前に引用した文では、「隠《おん》はかくれている。かくれているが、それをみる眼のある人にはあらわれる。あらわれるが、みる眼のない人にはかくれている。わざとかくしておくのでないが、眼のある人にはあらわれ、ない人にはかくれている」といわれる所以である。

なお、今の引用文において、「我は『観経』一部の背景なる「仏心者大慈悲是（仏心とは大慈悲是れなり）」の一句の如き、最大の隠彰の文字と信ずる。「念仏衆生、摂取不捨（念仏の衆生を摂取して捨てたまわず）」の文字も隠彰の文字と信ずる」といわれているが、これは『観経』「第九真身観」に説かれている経文である。これは前の引用文において、韋提希の「極楽世界の阿弥陀仏の所に生まれたい」という願求《がんぐ》によって釈尊自らが「定善」の観の道を実践されたことを述べた。「定善」の観の道とは自力の観道である。そして釈尊がその自力の観道の絶頂において、他力の信念の端緒に触れて「弥陀大悲の本願を開闡」されたのが「第九真身観」であることもすでに述べた。その「第九真身観」において釈尊が「弥陀大悲の本願」を感得された言葉が、「仏心者大慈悲是

（仏心とは大慈悲是れなり）」と説かれ、あるいは「念仏衆生、摂取不捨（念仏の衆生を摂取して捨てたまわず）」という経文であった。これも釈尊ご自身が他力の信念を感得された釈尊の自覚をあらわす言葉であって、化他（他の人に教える）の為ではないから、曽我量深はこれらの「第九真身観」の文字が「最大の隠彰の文字と信ずる」と記されたものだろう。

なお、親鸞聖人が「顕彰隠密の義」といわれる拠り所は、この『観経』十六観中、「第九真身観」の「仏心者大慈悲是」「念仏衆生、摂取不捨」の言葉にあるのである。

さらに「顕彰隠密」の読経眼について記しているところを引用してみよう。「凡人の右胸より誕生したる如来の宗教」において、次のように記している。

観経は釈尊の我《が》の発表である。而して弥陀如来の全人格の発表である。則ち観経の文字の奥底に潜在せる二尊の人格的勢力を捉へたが隠彰《おんしょう》秘密の真義である。誠に顕文《けんもん》上に観経を殺し給へるは、その隠義の上に活きんが為である。親鸞聖人の読経眼（「顕彰隠密」の読経眼）は、その大経に依りて真実の『教行信証』を発見せしよりも、観経の上に殺活《さっかつ》自在なる所に一層大識見《だいしきけん》を顕はし給うた。
（「凡人の右胸より誕生したる如来の宗教」選集二―二五一頁）

今引用した文中の「観経は釈尊の我《が》の発表である。而して弥陀如来の全人格の発表である」と記されていることについて。「観経は釈尊の我の発表である」とは、『観経』は釈尊の「我が信念」の発表である、ということである。それをもう少し詳述すれば、『観経』は「韋提希」や「阿闍世」、そして「提婆達多」を浄玻璃鏡として、釈尊自らが求道者として歩まれた「自叙伝」であることを「観経は釈尊の我の発表である」と言われたものである。釈尊自らが求道者として歩まれた「自叙伝」とは、前にも触れたように、『観経』は「釈尊の自行の表白」であるということと同じ意味である。「釈尊の自行の表白」といっても、釈尊個人のことではない。求道者として歩まれた『観経』の釈尊とは、タスケテである弥陀如来がタスケラレテとなった求道者としての釈尊であるが、それは「法蔵菩薩としての釈尊」のことである。その法蔵菩薩の「我の発表である。而して弥陀如来の全人格の発表」であると教えられたものである。「弥陀如来」とは法蔵菩薩ということである。

そのことを「観経の文字の奥底に潜在せる二尊の人格的勢力を捉へたが隠彰秘密の真義である」と記されたのであった。「二尊の人格的勢力」とは何か。それは弥陀如来と釈尊の二尊の「人格的勢力」ということであるが、それはタスケテである弥陀如来がタスケラレテとなられた釈尊の「人格的勢力」ということである。それは「法蔵菩薩としての釈尊」ということである。タスケテである弥陀如来がタスケラレテである凡夫を体験して、凡夫を救済される法蔵菩薩をこのように述べられたのである。

しかしこのことは『観経』の経文には説かれていないことであって、「則ち観経の文字の奥底に潜在せる二尊の人格的勢力」と記されたものであるが故に、「隠彰秘密の真義である」といわれたものである。

曽我量深はこのようなタスケラレテとなられた「法蔵菩薩としての釈尊」を『観経』の釈尊のうえに感得されたのであった。しかしこのことも『観経』の経文には説かれていないから、「隠彰秘密の真義である」といわねばならない。

では、タスケラレテとなられた『観経』の「釈尊の我の発表」とはいかなる発表であろうか。親鸞聖人はこの「釈尊の我の発表」をいかに見られたのであろうか。

諸行対念仏の行に於《お》ける自力他力の相対廃立《はいりゅう》は『観経』顕文の当相である。信疑相対の、心に於ける自力他力の絶対的廃立は『観経』隠彰の世尊の大精神である。蓋《けだ》し善導や元祖（法然）は自力他力を且《しばら》く行の上に観じ給ひたれども、我祖聖は進んで此自力他力の秘奥を主観の心中に求め、行々相対の廃立の侭《まま》の顕文をば、その絶対的見地より自力疑心の相《すがた》と観じ給ひた。誠や諸善万行の無功を宣言する大善大行の念仏は、此れ大善大行を固執する自力疑心の念仏である。実に自力の正体は行に非ずして心にあったに驚き給ひしは我祖聖であった。則ち自力の難門をすてて他力本願の正行を専修せよ、とは『観経』顕説上の廃立であって、自力疑心の迷心を離れて他力回向の真信を決定せよ、とは『観経』隠彰の実義である。是《この》実義は全く経の文字を離れて直に自己の信念に触るる所の教主釈尊の大精神界中の精華である。此隠顕の大道は自己の信念上の事実であって、客観的に存在するものではない。而して廃立は経の顕文なる流通《るずう》の文字に証権あれども、此れも全く隠顕の大精神に触れざれば何等実際上の意義がないのである。何となれば廃立と云ふことは決して客観的なる形式的なる論議でなくして、実際上の行業である、能廃能立《のうはいのうりゅう》の実力を要するからである。所立所廃《しょりゅうしょはい》には能立能廃がなければならぬ。然るに多くの宗学者の徒《いたず》らに所立所廃を論議して、能廃能立の力を忘れて居る。此能立能廃の力に触るる時、初めて廃立は信念上の事実となる。然らば何が能立能廃の力なるや、曰く所立の念仏是である。

　誠や元祖門下の自力念仏の人々（諸行を廃して念仏を立てた、その念仏に固執している人々。その固執している自力疑心の心を転ずることが「廃立の大精神」である）も、真宗門下の他力念仏の論議者も同様に、念仏を以て単に是を所立の行業として居った。かくて念仏・諸行は永久に相対の地位を捨てて、純円独妙の念仏を実験することが出来ないのである。誠に念仏は所立の行としては所廃の諸行と同格なれども、又同時に能廃能立の実力であるより云へば、唯一無二の能力である、絶対の大道である。則ち所立の境《きょう》（対象）としての念仏には力がない、随て無信の単行《たんぎょう》である。此無力無信の単行に捉へられた為に、廃立を実現し得ざりしは元祖門下の諸師である。此念仏を単に所立の行業と見るは経の顕説である。而して此所立の念仏を同時に能立能廃の能力と実験するは教主釈尊心中の隠義である。

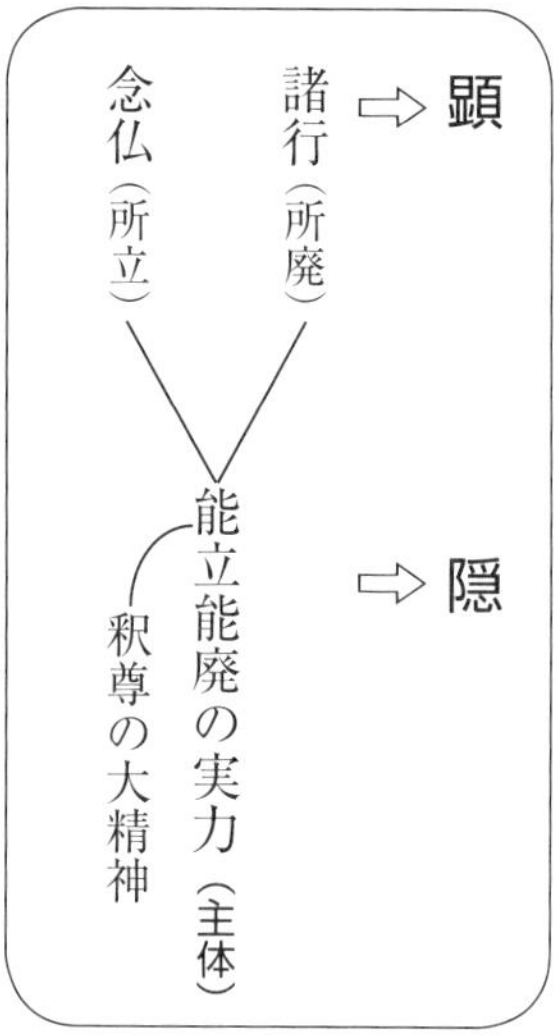

此隠義に触れ、初めて廃立の大精神が分る。されば廃立の形骸は経の顕文に在りて、廃立の精神は教主胸中の秘密である。かくて廃立は一往は宗学の対象となれども、その実際的基礎は全く信仰上の事実の結果に外ならぬ。此能立の念仏、能廃の能力としての念仏は最早純乎たる信の事実である。此に来りて始めて本願即念仏、念仏即仏願力てふことが実証せらるるであらう。廃立の如き相対的教義すら、かく信念上の実証を離れて解釈出来ず、まして隠顕の如き絶対的教義に至りては、信念を離れてはその形骸すら見ることが出来ぬであらう。宗学者たるもの、所廃所立の言議《ごんぎ》を止《や》め、直に能立能廃の本願力の念仏を実験すべしである。

（「聖教の鏡に対して」無尽灯一七—三号）

今の文中、「諸行対念仏の行に於る自力他力の相対廃立」とは、『観経』の顕文、すなわち『観経』の経文として説かれている「行における廃立」で、「定善」「散善」の自力の行を廃して他力念仏の行を立てる、という「行における廃立」をこのようにいわれたのである。

それに対して「信疑相対の、心における自力・他力の絶対的な廃立」とは、心における自力の心を廃して他力回向の信心を立てる「信疑相対」の廃立をいわれたものである。それはいいかえれば、疑心自力の心を限りなく転換することによって他力の信心を感得することであるが、これは自己の内面の問題であって、客観的にはわからない問題である。それ故にこのことは『観経』の経文には説かれていないのである。したがって「信疑相対」の廃立ということも釈尊の「隠彰の実義」といわなければならないだろう。

自力にも行における自力と心における自力があって、善導大師や法然上人は自力・他力をしばらく諸行対念仏という行における自力・他力の相対的な廃立として読まれたが、親鸞聖人は更に一歩進んで、この自力・他力を自己の主観の秘奥に求めて、「心における自力・他力」を生涯の問題とされたのであった。すなわち諸行対念仏という行行相対の相対的廃立のままの顕文を、その絶対的見地より（信仰の上から見れば）疑心自力の心と観られたのであった。これこそ『観経』の経文には説かれていないものであるが故に、「隠彰の実義」といわなければならないものである。すなわちこの実義は、経の文字を離れて、直ちに自己の信念に触れるところの「釈尊の大精神」界中の精華である。その「隠彰の実義」は釈尊の「内的生活」における信念上の事実であって、客観的に存在するものではない。

では釈尊の「心における廃立」すなわち自力の心を廃して他力の信心を立てる「信疑相対」の廃立とは、具体的にはどういう廃立であろうか。そのことを『観経』の釈尊のうえに見れば、自力我執の「韋提希」、並びに無善造悪の「阿闍世」を浄玻璃鏡として、釈尊自らが疑心自力の心を限りなく転じていかれることが「心における廃立」ということである。これを「信疑相対の、心における自力・他力の絶対的な廃立」といわれたのであった。この「絶対的廃立」は釈尊の内面における信念上の事実であるから、客観的に存在するものではない。したがって『観経』の文字のうえには説かれていないのである。だから今の文中には「経の文字を離れて直に自己の信念に触るる所の教主釈尊の大精神界中の精華である」と記されたのであった。

「行における廃立」は勿論のこと、「心における廃立」には、疑心自力の心を廃する「能廃能立の力」を要する。そこを今の引用文には「所立所廃には能立能廃がなければならぬ」と記されている。「能廃能立の力」とは、疑心自力の心を廃する能力ということである。疑心自力の心を廃すれば、おのずから他力の信心は立てられる故に、問題は疑心自力の心を廃する「能廃」の能力である。この「能廃」の能力は釈尊個人の力ではない。いかに釈尊が偉人であっても、自分の力で疑心自力の心を廃することはできない。その釈尊をして能廃せしめる能力とは、法蔵菩薩の「能廃能立の力」といわなければならないだろう。

そしてこの「能廃」の能力は、これも『観経』の経典の文字には説かれていないもので、それこそ釈尊の隠彰の大精神といわなければならないものであろう。

この『観経』における「能廃能立の力」について、もう一つ引用してみてみよう。

我は又『観無量寿経』を読誦し、善導、法然の二大師、及び諸先徳の教示に依りて、経の正宗段《しょうしゅうだん》には、広く定善散善の万善万行を開顕すと雖も、帰する所は、是等一切の観行に堪《た》へざる極重悪人の為に開示せられたる称名念仏に外ならぬ、何を以て知るぞとならば、最後の附属流通の一段に至り、一経の要を結んで、「汝好持是語、持是語者、即是持無量寿仏名(汝、よくこの語を持《たも》て。この語を持てといふは、すなはちこれ無量寿仏の名《みな》を持てとなり)」と、正宗段に在りて、光彩陸離《りくり》たる観念諸行を闇《さしお》き、(下下品において)極重悪人のため止むを得ざるが如く説かれたる称名を、此処《ここ》(流通分)に抜擢《ばってき》して、偏に此を勧むることは、此れ正しく廃立と云ふものである。蓋し定散の自力の善は廃せんが為に説き、独り念仏は立てんが為に説いたのである、是れ廃立と云ふことが、此『観経』を正《ただ》しく見る読経眼である、と云ふことを聞たのであつた。而して自ら思ふには、「汝好持是語(汝、よくこの語を持て。この語を持てといふは、すなはちこれ無量寿仏の名を持てとなり)」等の流通分の文字は、『観経』一部を否定する劒《つるぎ》である、と。

今引用したところは、前に触れた古来の宗学者の廃立観と同じことである。この古来の宗学者の廃立観に対して、次に曽我量深の廃立観が記されている。

今や深く味ふことに依りて、過去の考の全く先賢(善導、法然の二大師)の精神を誤解しつゝあつたことを知るを得た。(流通分において)専ら称名を附属する釈尊の真精神は、決して『観経』全部を抹殺せんが為めではなく、此(称名)あるが為めに、初めて『観経』が永久の生命を得たのである。誠に定散の諸善は、廃の為に説いたとしても、若し此等の諸善が大なる価値あるものとして鼓吹《こすい》せられなかつたならば、云何して念仏附属と云ふことが、善導や法然等の諸先賢を驚異せしめ得べきや。正宗に於て、諸善が強烈に活きて居ればこそ、それを廃せんとする念仏が絶対の力を顕はし得たのである。而も此念仏が活きた時、同時に定散二善も活きた。一部悉く活かすは、流通廃立の経文である。誠に定散諸善の自力奮励の経験がなくては、専修念仏(称名)の大義は徹底せざるべく、又同様に真に専修念仏の自覚に到達せずしては、真の生命ある定散二善は分らぬのである。

我は是に明に断言せんとす。『観経』には二重の廃立がある。諸善を廃して念仏を立つるは第一重の廃立にして、更に念仏を廃して諸善を立つるは第二重の廃立である。かくて念仏諸善相互に廃して如来大悲の願力を立つるは、『観経』の最後の旨趣であると。
（「浄玻璃鏡上の釈尊としての『観経』下々品」選集二―二七九～二八〇頁）

今の引用した最後に記せる「諸善を廃して念仏を立つる」第一重の廃立は、前の引用文で述べたところの「行における相対的廃立」である。それに対して「念仏を廃して諸善を立つる」第二重の廃立も「行における相対的廃立」である。ただ第一重の廃立と異なるところは、「念仏を廃して諸善を立つる」ところにある。第一重の廃立において廃した定散二善の自力の奮励を活かすことである。この第二重の廃立は未だかつてない、曽我量深の古今独歩の廃立観である。

更に一歩深めて、「かくて念仏諸善相互に廃して如来大悲の願力を立つるは、『観経』の最後の旨趣である」という。とくに「如来大悲の願力」とは、前に引用した「能立能廃の力」をこのようにいわれたものであろう。すなわち第一重において諸善を所廃して念仏を所立し、第二重において念仏を所廃して諸善を所立する「能立能廃の力」を、この引用文においては「如来大悲の願力」といわれたのである。

では「如来大悲の願力」「能立能廃の力」とは何か。重言するまでもなく、それは釈尊をして「能立能廃」せしめる法蔵菩薩の願力といわなければならない。しかしこの法蔵菩薩の願力ということも『観経』の経文には説かれていないが、『観経』の釈尊をして釈尊たらしめている願力であるが故に、この法蔵菩薩の願力を『観経』の最深の「隠彰の実義」といわなければならないだろう。

この「隠彰の実義」に触れなかったならば、『観経』は永遠の謎のままである。『観経』の読経眼は「隠彰の実義」を感得することにあるが、「隠彰の実義」を感得することは「如来大悲の願力」を感得すること、すなわち法蔵菩薩の願力を感得することである、といえる。

この法蔵菩薩の願力を感得することについて、曽我量深は次のように記している。

『観経』の文字は如来や釈尊が現実の人生にその大精神、大本願を開闡《かいせん》せん為に、止むなく御自《おんみずか》らの御本領を隠覆《おんぷく》し給ふが故に、且《しばら》く能説者の大精神より遊離して文字を顕と名くる。されば顕とは一往の観察に過ぎぬ。若し夫れ所説の経文を能説者なる如来世尊の大精神に結合する時に、顕はれたる文字が挙体《きょたい》（体全体を挙げて）隠彰の実義となる。顕は永久に顕ではなく、隠は永久に隠ではない。もし如来の大精神に触れず、心眼開けずんば、如来の大精神は永久に隠である。一旦心眼開けたる人には隠は日月の如く顕彰する。隠と云ひ顕と云ふは見る人の心眼の開閉に依りて分る。心眼開けぬれば隠のまゝが顕である。誠に隠密は公開の隠密である。

（「三願より発足して十重の一体に到達す」選集二―三八五頁）

今の文中、「如来世尊の大精神」「如来の大精神」とは、「如来大悲の願力」すなわち法蔵菩薩の願力である。それはすなわち前にも触れたことであるが、『観経』の釈尊が自らの求道において、「如来大悲の願力」を感得して、釈尊自らが救いを得られたことである。それ故に「もし如来の大精神に触れず、心眼開けずんば、如来の大精神は永久に隠である」と記されてある。すなわち「如来の大精神」である法蔵菩薩の願力を感得することがなければ、「心眼」は永遠に開かないのである。

それ故、「隠と云ひ顕と云ふは見る人の心眼の開閉に依りて分るる」と記されている。而して「見る人の心眼」が開かれることが、「隠彰の実義」を感得すること、いいかえれば「顕彰隠密」という読経眼を得ることである。また曽我量深の顕彰隠密観も、この一点に尽きるのである。

第五章　曽我量深の他力観

一、清沢満之の絶対他力

第四章では曽我量深の顕彰隠密観について学んできたが、次に曽我量深の他力観について学んでいくことによって、法蔵菩薩という仏さまを明らかにしたいと思う。曽我量深は他力について「絶対他力」と「相対他力」という二つの他力観で、他力を教えているのである。

「絶対他力」とは清沢満之の『絶対他力の大道』（明治三十五年）という一文の終りに「絶対他力の大道を確信すれば足れり」と記しているところに見出される言葉である。

もっともこの『絶対他力の大道』は明治三十五年六月発行の『精神界』に発表されたものであるから、清沢満之が亡くなる明治三十六年六月からみれば、ちょうど一年前のことになる。つまり最晩年に「絶対他力」という言葉を使われたことになる。この『絶対他力の大道』のもとになる『臘扇記《ろうせんき》』は、明治三十一年から三十二年にかけて書かれた日記である。その『臘扇記』には「天道の大命を確信すれば足れり」と記されていて、「他力」という文字を見出すことができない。その後、「天道の大命」というところを、明治三十五年六月になって清沢満之が自ら修正して、「絶対他力の大道を確信すれば足れり」と書き直しているのである。もっとも『臘扇記』には、「天道の大命」と書いているところに、清沢満之自らが「これは他力である」という注をつけているが、明治三十一、二年のそのころは「他力」という言葉を使われなかったようで、この注も最晩年につけた注であるようである。そのことを曽我量深は次のように記している。

清沢先生は『精神界』創刊号（明治三十四年一月）に「精神主義」という文章をお書きになったのでございますが、私どもがそれを読みますると別に「他力」というような言葉はどこにもなかった。それから何号も重ねておりまするけれども他力というような言葉は一向出て来ないのであります。だからして先生の信念が絶対他力の大道であるというようなことは解らなかったのでありまして、私はよく解らなかったので、それで清沢先生は自力でもない他力でもないというような、そういう自力他力の外《ほか》にもう一つ別の立場というものが起《マ》こ《マ》っていらっしゃるのであろうか、こう思って愚かなる短い文章（「精神主義」）を書いて『無尽燈』に掲げた。そうすると清沢先生は、「私の信念は、他力の信念である」ということを、それに対して教えてくだされました。

（『宗教の死活問題』一一四頁）

あるいは曽我量深は清沢満之の「他力」について、

「（『絶対他力の大道』のもとになる）『臘扇記』は清沢満之先生が亡くなる三年か四年前（明治三十一年から三十二年）に書いておられるが、清沢満之先生がようやく安心立命《あんじんりつめい》という願いを成就した時（明治三十五年）、その頃に日記に『絶対他力の大道』の文章を書かれた」

（『親鸞教学』四三号の取意）

と述べられている。このことから推測するに、清沢満之が「他力」あるいは「絶対他力」という言葉を使うようになったのは最晩年のことであろうと思われる。つまり清沢満之が「他力」ということを感得したのは最晩年の明治三十五年、満之の四十歳の時である。

このように、清沢満之が「絶対他力」を感得するに至ったのは最晩年であるが、そこに至るまでにいかに艱難辛苦《かんなんしんく》（自力）をなめたことか。そのことを考えてみるに、清沢満之が他力信仰の門に入る前は、宗教哲学の人であった。曽我量深によれば、人間を立場とした「理念する真理」が哲学の真理であるのに対して、宗教は如来から「名乗ってくる真理」である（「大無量寿経の宗義」選集四―一八〇頁の取意）といわれる。哲学と宗教は立場が違うのである。したがって、哲学から宗教へは入ることは絶対に不可能なのである。清沢満之の友人、沢柳政太郎によれば、「清沢君は信仰問題で非常に悩んでおられた」といっておられるが、これは含蓄のある言葉である。あるいは曽我量深は、「清沢満之先生は信心を求めて、そしてその苦しんだあげく、はじめて信仰を得られた」（講義集八―六〇頁）と述べておられる。そして清沢満之は沢柳政太郎から借りた『エピクテタス語録』を読んで、相対有限のところに絶対無限が接していることを感得し、ついに最晩年の著『絶対他力の大道』において、「無限他力、何れの処にかある」と自問して、「自分の稟受《ひんじゅ》（相対有限）において之を見る。自分の稟受は無限他力の表顕なり」と感得するに至るのである。「稟受」とは「うけとる」ことであるが、「自己の稟受」とは「生まれながらのもの」を自覚したことをいう。

清沢満之というと「絶対他力」を初めて提唱した人として高名であるが、我われは清沢満之がそこに至るまでには、言説を超えた努力をして、自力を尽くした人であったことを忘れてはならないのである。このことは後でふれることにするが、「絶対他力」は自力を尽くした人において始めて感得することができるのであって、はじめから「他力」というものがどこかにあるのではないことを教えられるのである。

以上は清沢満之の「絶対他力」について記したものである。それに対して「相対他力」という言葉も曽我量深以前にはなかった言葉である。曽我量深が初めて使った言葉である。なぜ曽我量深が「相対他力」という言葉を使われたのだろうか。それは清沢満之の「絶対他力」から導き出された他力観であることは間違いないが、相対他力とはどういうことだろうか。結論から先にいえば、『大経』が「絶対他力」を説くのに対して、『観経』は「相対他力」を説くことを明らかにする為であった。

さて「絶対他力」とは、前にも記したように、清沢満之の『絶対他力の大道』という一文に初めて見出される言葉であるが、それは「絶対無限の妙用」という言葉で「絶対他力」を表したものである。その「絶対無限の妙用」について曽我量深は次のように述べている。

『絶対他力の大道』に、「自己とは他なし、絶対無限の妙用に乗託して任運《にんうん》に法爾《ほうに》に、此の現前の境遇に落在せるもの、即ち是なり」とある。この「絶対無限の妙用」とは如来の本願力、威神力である。この中には本願という言葉は出ていない。本願というと何か特殊の意味をもつのであると思われるので使用をされなかったのであろうが、若《も》し、五十、六十歳までも長生きされたら使用されたであろう。

（講義集一〇―二一四〜二一五頁）

ここに「絶対無限の妙用とは如来の本願力、威神力である」と述べられているが、これは「絶対他力」のことである。「如来の本願力、威神力」とは、『大経』で説くところの如来の本願力である。つまり「絶対他力」とは『大経』で説く如来の本願力であることを、このように述べられたものである。

「絶対他力」について、次のようにも述べている。

『我が信念』と一緒に、先生の大切な教訓となっているのが、『絶対他力の大道』という御文章でございます。これはまあ、親鸞聖人のこの御信心のおみのりというものは、これは、絶対他力の大道であると……。

自分が、他力を利用すると、仏様を利用してゆくと、そういうのが相対他力というものでしょう。

（絶対他力とは）仏の前に一切を、自分自身を、自分全体を仏の前に投げ出して改悔懺悔《がいけさんげ》する、そして一切を仏様におまかせする、一切自分のことについて計いを捨てる。それがつまり、絶対他力と、こういうように、先生が言うておられます。清沢先生の「精神主義」というのは絶対他力の信仰である、ということが書いてあります。（講話集三―二七二～二七三頁）

今の文中において「仏の前に一切を、自分自身を、自分全体を仏の前に投げ出して改悔懺悔する、そして一切を仏様におまかせする、一切自分のことについて計いを捨てる。それがつまり、絶対他力」であるといわれているが、この「絶対他力」ということが『大経』で説くところの「他力」、浄土教でいわれる「他力」である。

二、絶対他力と相対他力の関係（一）――相対他力は我われ人間の我執を認容する

ところで今の文中に、「相対他力」とは「自分が、他力を利用する、仏様を利用してゆく」といわれているが、これはどういうことであろうか。そのことについて「凡人の右胸より誕生したる如来の宗教」（選集二）に次のように記されている。

誠に観経は凡人としての釈尊の右胸より生じ、女性韋提の右胸より生じたる人間の真理である。絶対他力の光明は観経の明かにし得ない所である。而も此れ人間の実相ではない乎。凡人たる我々は、唯相対他力、即ち自我の存在を否定せざる範囲に於て如来の力を認むるものである。我々の云ふ所の絶対他力と云ふも畢竟相対中の絶対である。否相対とか絶対とか云ふ言語は全く実際的宗教の天地にはないのである。兎に角他力を認むるの外何物もないの

である。大悲の親としての如来を認むる外ないのである。嗚呼《ああ》、我等の理想は絶対他力に向ひ、我等の現実は相対他力を捨つることが出来ぬ。此処《ここ》に矛盾ありて信念日に新に、此処に調和ありて常恒の平安を味ふことが出来る。相対他力と絶対他力とは一他力教の二面でありて決して全く別なるものではない。畢竟我等は相対他力の地上に立て、遥に絶対他力の天空を戴くものである。

自我の執着をも許し給ふ所が大悲の誓願である。

（「凡人の右胸より誕生したる如来の宗教」選集二―二五五～二五六頁）

今の引用文のはじめ、「誠に観経は凡人としての釈尊の右胸より生じ、女性韋提の右胸より生じたる人間の真理である」と記されていることであるが、我われの日常生活は常に自分を立場としている。意識しようがしまいが、常に自分の立場を離れては一瞬も生活ができないのである。つまり我われは我執を離れては存在できないのである。そのことを曽我量深は、我われは「自己の尊厳を主張する」といわれている。したがって「自己の尊厳を主張する」我われにあっては、前の引用文にあるように「自分全体を仏の前に投げ出して改悔懺悔する」（取意）ことはできないのである、つまり我われ人間からは「絶対他力」、浄土教でいうところの「他力」はわからないのである。

曽我量深は、その「自己の尊厳を主張する」我われ人間の本能的に持っている我執（第七末那識《まなしき》）について、

我等に久遠の親（如来）があると云ふことは、堅密なる我執に捉はれて、自己の尊厳を極端に主張する我等人間の徹頭徹尾認容し得ない事柄である。（中略）此の我執は超絶的立脚地よりは何等の価値なき事柄であるが、人間の含蓄的立脚地よりは絶対の真理である。云何に絶対の力を有する如来も正面より此堅固なる城塁を実際的に破壊し給ふことは出来ないのである。（中略）

我等の如き霊界の不孝子（「自己の尊厳を主張する」我われ）に対させられては、久遠実成《くおんじつじょう》の法身《ほっしん》（久遠の親、如来）のまゝでは、とても此を救済することが出来ぬのである。則ち如来（久遠の親）はその無上の慈悲方便を以て、忽然としてその久遠の法身の光輪を没して、貪瞋《とんじん》煩悩の衆生の心想中に入り給うたのである。

（「凡人の右胸より誕生したる如来の宗教」選集二―二三六頁）

といわれている。このように我執を命とする我われ人間からは「久遠の親（如来）があると云ふこと」は認容することができない。つまり我われからは「絶対他力」ということはわからないの

である。故に如来から「密かに衆生の貪瞋の右胸に躍り込ませられた」といわれている。

「衆生の貪瞋」とは我われ人間の貪欲《とんよく》・瞋恚《しんに》の煩悩のことである。我われからは自分に貪瞋の煩悩をもっていることはわからないが、浄玻璃鏡の前に立たされた時、（如来が）初めて我が煩悩の浅ましい姿が映しだされてビックリ仰天するのである。しかもその「衆生の貪瞋」の煩悩の正体は、実は我われの我執である。なぜなら「衆生の貪瞋」の煩悩は、そのもとは我われ人間が自らを立場とする我執、すなわち我われの自我意識から生起するものであるからである。我執とは前にも記したように、意識しようがしまいが、寝ても覚めても自分を立場として「私が……」「私が……」と自己の尊厳を主張してやまない自我の執着である。それは今の引用文では「右胸」といわれ、『観経』では「衆生の心想中」（第八像観）と説かれているところであるが、我われの心の最も深い無意識、そこから起こる本能的な自我意識の妄執である。

すなわち如来は我執を命とする我われを直接に救済することができないので、如来の方から我われ「衆生の心想中に入りたもう」て、我われ衆生の貪欲・瞋恚の煩悩、すなわち我われの我執と同体されたのであった。つまり我われ人間の「我執」そのものとなられたのである。これ相対他力ということである。そしてこの「我執」となられた如来を、今の引用文においては「大悲の親としての如来（以下は「大悲の如来」と略す）」といわれているのである。「大悲の如来」とは法蔵菩薩という仏さまのことである。これ、第二章「我が貪瞋の胸より生まれたる如来の宗教」において学んだごとく、我われ人間の貪瞋煩悩と同体したもう法蔵菩薩をこのように記されたものである。

そしてその我われ人間の我執と同体したもう法蔵菩薩は、我われ人間の我執を浄玻璃鏡として、これは我が「我執」であると自覚して引き受けられて（「相対他力」となって）、その「我執」を転換して、釈尊の右胸より誕生し、あるいは韋提希の右胸より誕生された（絶対他力を感得された）ことを、今の引用文では「観経は凡人としての釈尊の右胸より生じ、女性韋提の右胸より生じたる人間の真理である」といわれたのである。「人間の真理」とは、法蔵菩薩が我われ人間の我執を浄玻璃鏡として、その我執をみずからの「我執」であると自覚して転換されることをいうのであろう。これ、曽我量深が「宗教は如来から名乗ってくる真理である」（取意）といわれている所以であろう。その法蔵菩薩によって我われ人間は転換せしめられるのである。そこを「人間の真理」といわれ、法蔵菩薩が我われ人間の我執に同体して、我われ人間を転換せしめる力を「相対他力」といわれたのである。これ、曽我量深が『観経』に説かれる他力観を「相対他力」といわれる所以である。

我執を命とする我われ人間がみずからの我執を転換することはできないことは勿論であるが、もし我われ人間が我執を自覚して転換することができたとするならば、それは我われ人間を超えたものによって転換せしめられたといわなければならない。では我われ人間を超えたものとは何か、それは我われ人間の我執、煩悩と同体された法蔵菩薩である。これ、具体的には『観経』で説かれている釈尊（凡人としての釈尊）であるが、詳細は割愛することにする。曽我量深はこのように「相対他力」について教えられたのである。

その法蔵菩薩によって我われ人間の我執、煩悩が転換せしめられたところが「絶対他力」の光明である。これ、『二河白道の譬喩』を釈する善導大師が、「衆生の貪瞋煩悩の中に、よく清浄願往生の心を生ぜしむる」といわれる所以だろう。

次に「絶対他力の光明は観経の明かにし得ない所である」と記されているが、「絶対他力の光明」は、前の引用文でいえば「自分全体を仏の前に投げ出して改悔懺悔する」ことである。しかるに『観経』は、我われ人間の我執と同体し我執そのものとなられた大悲の如来を説く経典（具体的には『観経』で韋提希、阿闍世に同体される釈尊として説かれる）であって、「自分全体を仏の前に投げ出して改悔懺悔する」ところの絶対他力の世界は説いていない。それを説くのは『大経』である。すなわち絶対他力の世界を説くのが『大経』で、むしろ『観経』はそのような絶対他力の世界が開かれるに至るまでの道程を説く経典である、といえるだろう。故にここには「絶対他力の光明は観経の明かにし得ない所である」と記されているのである。

次に「凡人たる我々は、唯相対他力、即ち自我の存在を否定せざる範囲に於て如来の力を認むるものである」と記されているが、これは前にも引用したように、我われは「堅密なる我執に捉はれて、自己の尊厳を極端に主張する」のである。このような我われが「自我の存在」を否定されるならば、「如来の力」はわからないことになる。この故に『観経』は我われ人間の我執、すなわち「自我の存在を主張する」我われ人間の自我を全面的に容認されるのである。そして我われ人間の我執を転換せしめることによってのみ「如来の力」を認められることを説くのが『観経』の「相対他力」である、ということを記されたものであろう。

次に「我々の云ふ所の絶対他力と云ふも畢竟相対中の絶対である」といわれているが、これも今述べたように、絶対の如来が「我執に捉われて、自己の尊厳を主張」してやまない我われ人間に同体して、相対界の如来となられたのであった。その如来が大悲の如来、法蔵菩薩である。具体的には凡夫韋提希に同体大悲される『観経』の釈尊である。この大悲の如来、法蔵菩薩が我われ人間の右胸（衆生の心想中）にあって、みずからの「我執」を転じて、釈尊の右胸より誕生し、韋提希の右胸より誕生し、あるいは我われ人間の右胸より誕生されるのである。誕生されたものは「絶対他力」である。このことを、「我々の云ふ所の絶対他力と云ふも畢竟相対中の絶対である。（中略）我われは大悲の親としての如来（大悲の如来）を認むる外ないのである」といわれたものだろう。

次に「嗚呼、我等の理想は絶対他力に向ひ、我等の現実は相対他力を捨つることが出来ぬ」と記されているが、我われは無意識の裡《うち》にあって絶えず絶対他力が開かれることを願っているが、「我執に捉われて、自己の尊厳を主張する我等人間」には不可能のことである。これ、我われの意識と無意識の矛盾である。したがって我われは、ただ我われの我執に同体された大悲の如来の相対他力のみを唯一の望みとするものである。そこを「我等の理想は絶対他力に向ひ、我等の現実は相対他力を捨つることが出来ぬ」といわれたのであろう。

そして次に、相対他力の大悲の如来は、我われ人間の我執の中にあって我われの我執を転じて下さることを、「此処《ここ》に矛盾ありて信念日に新に、此処に調和ありて常恒の平安を味ふことが出来る」といわれたのであろう。「常恒の平安」とは「絶対他力」のことである。

したがって人間の我執そのものとなられた「相対他力」と、「相対他力」によって我われ人間の我執を転じられた「絶対他力」とは別のものではない。そこを次に、「相対他力と絶対他力とは一他力教の二面でありて決して全く別なるものではない。畢竟我等は相対他力の地上に立て、遥に絶対他力の天空を戴くものである」といわれた所以である。

最後に、「自我の執着をも許し給ふ所が大悲の誓願である」といわれるのは、『大経』が説く如来は我われ人間の我執を断固叱咤《しった》したもうところである。前の引用文においても、「我等に久遠の親があると云うことは、堅密なる我執に捉はれて、自己の尊厳を極端に主張する我等人間の徹頭徹尾認容し得ない事柄である」といわれているが、『大経』においては、我われ人間の我執は「何等の価値なき事柄」である。

その「自己の尊厳を極端に主張する我等人間」の我執を全面的に認めて下さるところが、『観経』で説かれている「大悲の誓願」である。我われはこの「大悲の誓願」によってのみ、絶対他力の風光を仰ぐことができるのである。

三、絶対他力と相対他力の関係（二）――如来大悲の悲痛をしのびて

今の引用文で「相対他力と絶対他力とは一他力教の二面でありて、決して全く別なるものではない」といわれているが、この相対他力と絶対他力の関係は相互に関係しあっているのである。もし相対他力がなければ、我われ人間は到底絶対他力の信の門に入ることができないし、また絶対他力がなければ、我等の信心は到底純一で無雑《むぞう》の基礎を得ることができない。相対他力と絶対他力が不二に関係して、我われを究竟的なる救済の門に入らしめるのである。

次に引用するところは、詳細に絶対他力と相対他力が関係しあうことを論じられている。

釈尊が更に『観経』を宣説し給へる目的は、云何にしてこの濁悪なる人間の心中に如来を観ぜんかといふ実際的方法を説くに在つた。是れ即ち『大経』の絶対他力に対して、『観経』の相対他力観の生じたる所以である。即ち相対他力は如来に対する人間の力（努力）を認め、如来と人間との二者を平等に相対的存在とし、依りて宗教と人生との関係を説明し、近き人間の実際的真理として他力の信念を建立せんとするものである。換言すれば、絶対他力教は全く如来を中心とするものにして、相対他力教は全く人間なる自己を中心とし、自己の為に如来の存在を認むるものである。若《も》し人間理性の究極なる如来の智慧海より見れば、かかる自己中心の信念は、猶《なお》一種の迷妄なる懈慢界《けまんかい》に過ぎざるが如くなれども、小なる自我の上に七宝の宮殿《くでん》中に妄執するは我等人間の本性なるが故に、この不合理にして而《しか》も捨て難き自力の人情の基礎の上に如来の光明の宗教を建設するのは、人間の宗教としては已《や》むを得ざる所である。我等の現実の信念は到底相対他力の域を出づることが出来ぬ。而も我等は衷心より全くこの相対他力に満足することを得ずして、絶えず絶対他力の風光を微かに憧憬して已《や》まない。換言すれば、我等の知目《ちもく》は相対他力を超えて絶対他力を望みつつ、その行足《ぎょうそく》は全く自我の執を帯びつつ相対他力を離るることが出来ぬ。この執著こそは他力信念の上の深き悲痛である。而もこの悲痛ありて信仰は常に清新の生命を有するを得るのである。而して絶対他力は如来の智慧海の上に、凡夫の妄想の一塵をも留めざる所に立つとすれば、相対他力は強ひて我等の自力我執を認容する如来の大悲の上に建設せらるるものとなすを得るであらう。誠に自力我執は如来大智の超絶的見地よりすれば、一箇の妄念に過ぎざれども、若し現に迷界に沈淪しつつある所の凡夫の内観の上には、究竟最上の事実である。

即ち大智慧の如来はその智慧の光明を和げて、強ひて凡夫の無明の塵に同じて深く我等の胸中に来現して、我等の我執自力に対して無限の価値を認め給ふ。之を名けて如来の大悲と云ふ。若し大悲の如来を念ぜずんば、自己の存立を認むる自己中心の信念なる相対他力観は、謂れなき迷信妄想とせなければならぬ。然るに深く如来の大悲を念ずる時、大智の如来に対して全く疑心迷信に過ぎなかつた所の相対他力観は、忽然として金剛の真心となるのである。然らば則ち相対他力を以て全く徹底せざる自力迷心であるとするは、是れ自ら如来大悲の意義を解せざるを自白するものと云はねばならぬ。我等は微かに絶対他力を望みつつ、忽然、自己存立の実際問題に逢著して、茲に大悲の如来を自己の心想中に拝し、遂に相対他力の形を以て真実の信念は誕生するものである。

（「『大経』と『観経』との内面的関係と七祖の両教系」選集一―五三～五四頁）

まず今の引用文のはじめに、「釈尊が更に『観経』を宣説し給へる目的は、云何《いか》にしてこの濁悪なる人間の心中に如来を観ぜんかといふ実際的方法を説くに在つた」と記されていることは、たびたび引用するが、我われ人間は「堅密なる我執に捉はれて、自己の尊厳を極端に主張する」ものである。この我われ人間が、いかにして絶対他力を感得することができるのか、その「実際的方法を説く」経典が『観経』である、ということを記されたものである。故に、次に「是れ即ち『大経』の絶対他力に対して、『観経』の相対他力観の生じたる所以である」といわれている。

その「実際的方法」として説かれた『観経』の相対他力観はどのような他力観か。そのことを次に、「即ち相対他力は如来に対する人間の力を認め、如来と人間との二者を平等に相対的存在とし、依りて宗教と人生との関係を説明」したもの、といわれている。

その『観経』が説く相対他力観は、まず我われ「人間の力」を認められたことである。「人間の力」を認められたとは人間の我執を認められたことである。

そのことはすでに述べたところであるが、それと共に如来も自らが「自己の尊厳」を主張する我われ人間の我執と同体して、人間の我執そのものとなられたのであった。いいかえれば絶対の如来が相対的存在となられたのであった。ここに如来と我われ人間との唯一の接点があるといえる。そこを今の引用文においては、「相対他力は如来に対する人間の力を認め、如来と人間との二者を平等に相対的存在とし、依りて宗教と人生との関係を説明」するものであるといわれたのである。

そして「近き人間の実際的真理として他力の信念を建立せんとするものである」とは、如来が我われ人間の我執を認め、また如来も我われ人間の我執と同体することによって、「近き人間の実際的真理として他力の信念を建立せんとするもの」、これが「相対他力」といわれるものである。「近き人間の実際的真理として……」といわれるところに妙味がある。「近き」とは、如来が我われ人間の上に他力の信念を建立することである。「他力の信念を建立せんとするもの」とは、いいかえれば絶対他力の信念を人間のうえに建立せんとするもの、ということであろう。その「実際的方法を説く」のが、『観経』の「相対他力」である、といわれる所以であろう。

次に「換言すれば、絶対他力教は全く如来を中心とするものにして、相対他力教は全く人間なる自己を中心とし、自己の為に如来の存在を認むるものである」と記されていることであるが、「絶対他力教は全く如来を中心とするもの」とは『大経』が説くところの他力観であり、「仏の前に一切を、自分自身を、自分全体を仏の前に投げ出して改悔懺悔する、そして一切を仏様におまかせする」ことである。これ、「全く如来を中心とする」ことをいわれたものである。しかし我執を命とする我われ人間には不可能のことである。

それに対して相対他力教については、「相対他力教は全く人間なる自己を中心とし、自己の為に如来の存在を認むるものである」と記されている。「全く人間なる自己を中心とし……」とは、相対他力教は我われ「人間なる自己」、すなわち「自己の尊厳を主張する」我われ人間の立場を認めて、人間を中心とする主観的な宗教を認めて下さることである。また自己を中心とする我われのための如来、すなわち主観的な如来をも認めて下さることである。これが相対他力教であると記されたものである

次に、「若《も》し人間理性の究極なる如来の智慧海より見れば、かかる自己中心の信念は、猶《なお》一種の迷妄なる懈慢界《けまんかい》に過ぎざるが如くなれども、小なる自我の上に七宝の宮殿《くでん》中に妄執するは我等人間の本性なるが故に、この不合理にして而《しか》も捨て難き自力の人情の基礎の上に如来の光明の宗教を建設するのは、人間の宗教としては已《や》むを得ざる所である」と記されているが、「人間理性の究極なる如来の智慧海より見れば……」とは、『大経』が説くところの絶対他力の見地から見れば……、ということである。『大経』の絶対他力の見地から見れば、「かかる自己中心の信念は、猶一種の迷妄なる懈慢界に過ぎざるが如く」である。「懈慢界」とは「私」を立場とした自己満足の世界であり、独りよがりの世界観ということである。しかし「小なる自我」といわれる我われ人間のうえに立てられた信念は、我われ人間にとっては「七宝の宮殿」である。「七宝の宮殿」

とは光明に満ちあふれた宮殿のごとき自己陶酔の世界観ということである。これ「猶一種の迷妄」のごとくであるが、「小なる自我の上に七宝の宮殿中に妄執するは我等人間の本性なるが故に、この不合理にして而も捨て難き自力の人情の基礎の上に如来の光明の宗教を建設するのは、人間の宗教としては已むを得ざる所である」。すなわち相対他力教においては、捨てがたき我われ人間の我執の「小なる自我」を立場とした「懈慢界」であり、「七宝の宮殿」といわれる自己陶酔の世界観をも許されるのである。これ、『観経』が教える「相対他力教」についていわれたものである。

次に、「我等の現実の信念は到底相対他力の域を出づることが出来ぬ。而も我等は衷心より全くこの相対他力に満足することを得ずして、絶えず絶対他力の風光を微かに憧憬して已《や》まない。換言すれば、我等の知目は相対他力を超えて絶対他力を望みつつ、その行足は全く自我の執を帯びつつ相対他力を離るることが出来ぬ」と記されているが、このことは前の引用文において「我等の理想は絶対他力に向ひ、我等の現実は相対他力を捨つることが出来ぬ」と記されていることと同じことで、「我等は衷心より全くこの相対他力に満足することを得ずして、（無意識界の裡にあっては）絶えず絶対他力の風光を微かに憧憬して已まない」のである。いいかえれば我われは絶えず絶対他力の世界を願うものであるが、「自己の尊厳を主張する我等人間」には不可能のことで、

「我等の知目は相対他力を超えて絶対他力を望みつつ、その行足は全く自我の執を帯びつつ相対他力を離るること」ができないのである。「我等の知目」とは我われの理想のことであり、「行足」とは現実のことである。

次に「この執著こそは他力信念の上の深き悲痛である。而もこの悲痛ありて信仰は常に清新の生命を有するを得るのである」と記されているが、「この執著」とは、我らの「行足は全く自我の執を帯びつつ相対他力を離るること」ができずして、而もつねに「我等の知目は相対他力を超えて絶対他力を望みつつ」あることへの「執著」である。この「執著」は我われの執著であって、しかも単に我われの執著ではない。前に述べたごとく我われ人間に同体したもう法蔵菩薩の「執著」であろう。だから「この執著こそは他力信念の上の深き悲痛である」といわれる。「深き悲痛」とは、我等の理想は「相対他力を超えて絶対他力を望みつつ」、しかも我らの現実は「七宝の宮殿」といわれる自己陶酔の世界観に執着して、「全く自我の執を帯びつつ相対他力を離るること」ができない法蔵菩薩の「悲痛」であろう。

そして「而もこの悲痛ありて信仰は常に清新の生命を有するを得るのである」ということであるが、知目と行足との矛盾、いいかえれば理想と現実との矛盾についての悲痛があって「信仰は清新の生命を有する」のである。このことも前の引用文において「此処に矛盾ありて信念日に新に、此処に調和ありて常恒の平安を味ふことが出来る」と記されていることと同じく、法蔵菩薩がこの知目と行足、理想と現実との矛盾を悲痛されることによって、みずからの我執を転じられるのである。それによって「信仰は常に清新の生命を有するを得るのである」といわれたものであろう。「清新の生命」とは「絶対他力」のことである。

このように相対他力教においては、大悲の如来、法蔵菩薩は、「強ひて我等の自力我執を認容」して、そして「我等の自力我執」を転ずることによって「清新の生命」なる絶対他力を我らに感得せしめて下さるものである。これが「相対他力」といわれているものである。そこを「絶対他力は、如来の智慧海の上に、凡夫の妄想の一塵をも留めざる所に立つとすれば、相対他力は強ひて我等の自力我執を認容する如来の大悲の上に建設せらるるものとなすを得るであらう」といわれたのであった。

次に「誠に自力我執は如来大智の超絶的見地よりすれば、一箇の妄念に過ぎざれども、若し現に迷界に沈淪しつつある所の凡夫の内観の上には、究竟最上の事実である」と記されている。我われ人間の自力我執は、絶対他力の「如来大智の超絶的見地よりすれば、一箇の妄念に過ぎ」ないけれども、相対他力教においては、大悲の如来、法蔵菩薩は、我われ人間の自力我執は「現に迷界に沈淪しつつある所の凡夫の内観の上には、究竟最上の事実である」と認容されることをいわれたものである。これは法蔵菩薩が我われ人間の我執を浄玻璃鏡として、これは我が「我執」であると内観され、これは「究竟最上の事実である」と容認されたことであろう。

それ故に、次に「即ち大智慧の如来はその智慧の光明を和げて、強ひて凡夫の無明の塵に同じて深く我等の胸中に来現して、我等の我執自力に対して無限の価値を認め給ふ。之を名けて如来の大悲と云ふ」といわれるのである。「大智慧の如来はその智慧の光明を和げて、強ひて凡夫の無明の塵に同じ」くされるとは、今申したごとく、智慧の如来が自ら凡夫の我執と同体して慈悲の如来となられることである。「無明の塵」とは人間の我執のことである。つまり人間の「我執」そのものとなられることである。そのことを「深く我等の胸中に来現して、我等の我執自力に対して無限の価値を認め給ふ。之を名けて如来の大悲と云ふ」といわれたものである。前には、如来の大悲は我われ人間の我執を「究竟最上の事実」であると認めるといわれ、今も「我等の我執自力に対して無限の価値を認め給ふ」といわれている。この如来の大悲を念ずることがなければ、相対他力は無意義なものとなり、また我われ人間の救済は永遠に実現しないことになる。そのことを今の引用文には、「若し大悲の如来を念ぜずんば、自己の存立を認むる自己中心の信念なる相対他力観は、謂れなき迷信妄想とせなければならぬ」といわれている。

次に、「然るに深く如来の大悲を念ずる時、大智の如来に対して全く疑心迷信に過ぎなかった所の相対他力観は、忽然として金剛の真心となるのである。然らば則ち相対他力を以て全く徹底せざる自力迷心であるとするは、是れ自ら如来大悲の意義を解せざるを自白するものと云はねばならぬ」と記されているが、「然るに深く如来の大悲を念ずる時」とは、我われ人間の我執を我が「我執」であると内観されて我われの我執を引き受けて下さる如来の大悲を念ずる時、ということである。その時、「大智の如来に対して全く疑心迷信に過ぎなかった所の相対他力観は、忽然として金剛の真心となる」。「金剛の真心となる」とは、すなわち相対他力そのままが絶対他力となることである。

したがって次に、「相対他力を以て全く徹底せざる自力迷心であるとするは、是れ自ら如来大悲の意義を解せざるを自白するものと云はねばならぬ」と記されているが、我が身を振りかえりみれば、「相対他力」という意義を知らず、単なる自分の自力迷心である、自分が迷っていると思っている人は……、ということであろう。この人は「是れ自ら如来大悲の意義を解せざるを自白するものと云はねばならぬ」といわれるのである。慚愧にたえないことであるといわなければならない。

最後に「我等は微かに絶対他力を望みつつ、忽然、自己存立の実際問題に逢著して、茲《ここ》に大悲の如来を自己の心想中に拝し、遂に相対他力の形を以て真実の信念は誕生するものである」と記されているが、「自己存立の実際問題に逢著して……」とは、実際問題において自己の決断をしなければならないような出来事に逢著して……ということであろう。その時、我われは、我われの足もとの心想中にあって、「我等の我執自力に対して無限の価値を認め給ふ」大悲の如来がましますことを拝する時、その相対他力の如来は、これまでは単なる私の個人的な自我意識であると思っていた煩悩妄念が無限の価値あるものであったことを信知せしめられ、そして「相対他力の形を以て真実の信念は誕生するものである」。「真実の信念」とは如来の「我が信念」、すなわち絶対他力のことである。つまり「相対他力」によって「絶対他力」が誕生することを教えられたものである。

四、絶対他力と相対他力の関係（三）

――「親鸞一人」（相対他力）とは絶対他力を人格化したもの

以上はやや長くなったが、『大経』で説く絶対他力と『観経』で説く相対他力の関係を明らかにしつつ、釈尊が『観経』において相対他力教を説かれる目的は、どのようにしてこの濁悪な我われ人間の心中に如来を観ぜさせることができるのか、という「実際的方法」を説くことにある、といわれる所以を学んできた。

次も今の引用文と同じことであるが、絶対他力と相対他力が相関《あい》わりあうことを次のように述べている。

惟《おも》ふに絶対他力は如来中心の他力教であり、相対他力は自己中心の他力教である。相対他力は絶対他力と共に純他力の二面であつて、半他力半自力の疑迷と混ずることが出来ぬ。已に『大無量寿経』は法の真実を顕はして如来中心の絶対他力を鼓吹《こすい》し、『観無量寿経』は機の真実を顕はして自己中心の相対他力を宣示《せんじ》してある。

又親鸞聖人の親著『教行信証』は已に「謹案浄土真宗、有二種回向。一者往相、二者還相、就往相回向、有真実教行信証（「謹んで浄土真宗を案ずるに、二種の回向あり。一つには往相、二つには還相なり。往相の回向について、真実の教行信証あり」）」と標してその大綱を示してある。而して此『教行信証』を明し終りて、次に真仏真土を示し、此を本尊と決定してある。此れ正に如来中心の絶対他力を示すものである。

然るに聖人の語録なる『歎異抄』には「弥陀の五劫思惟の願をよくよく按ずれば、ひとへに親鸞一人がためなりけり」と示されたる、此れ明に自己中心の相対他力を示すものである。世に如何なる聖賢がその実際生活に於て自己中心主義を離るるを得やう。我欲我見は道理上如何に不都合であつても、地を離れ得ざる人間に在りては止《やむ》を得ぬ随従者である。唯それが如来の信念に依りて麗しく霊化せられたが彼《か》の「親鸞一人がため」の表白である。世にまたと此に比すべき自己尊厳の自覚があらうや。如来と十方衆生とを挙げて自己一人の為と観ずる。而も此れ正しく如来中心の信念の人格化せるものである。則ち是の自己中心主義は同時に如来中心主義である。如来の大悲の人格が此一言の中に躍動して居る。自己の尊厳と如来の尊厳と相顕相映相成して、世界に於ける至美絶妙の陀羅尼《だらに》である。則ち此れ絶対他力を包容する相対他力の宣言である」

(「他力教の二大本尊」選集二―二六〇～二六一頁)

今の文のはじめに「惟ふに絶対他力は如来中心の他力教であり、相対他力は自己中心の他力教である。相対他力は絶対他力と共に純他力の二面であつて、半他力半自力の疑迷と混ずることが出来ぬ。已に『大無量寿経』は法の真実を顕はして如来中心の絶対他力を鼓吹し、『観無量寿経』は機の真実を顕はして自己中心の相対他力を宣示してある」と記されているが、「惟ふに絶対他力は如来中心の他力教であり、相対他力は自己中心の他力教である」ということは、すでに述べてきたように「絶対他力は如来中心の他力教」とは『大経』が説く他力教のことである。それに対して、「相対他力は自己中心の他力教である」とは『観経』が説く他力教、ということである。

次に『大経』が説く絶対他力教と『観経』が説く相対他力教の二他力教は、「共に純他力の二面であつて、半他力半自力の疑迷と混ずることが出来ぬ」ということであるが、「相対他力は絶対他力と共に純他力の二面」であるとは、すでに述べたように、相対他力教と絶対他力教は、相互に関わり合っている如来の他力教をこのようにいわれたものである。「純他力の二面」とは如来の他力教の二面ということである。

それに対して「半他力半自力の疑迷と混ずることが出来ぬ」ということであるが、「疑迷」とは「疑いと迷い」ということである。ただこの「疑迷」について曽我量深は、「純自力を悟と呼ぶならば、（迷いは）その中間に彷徨して適従するを得ざる所の半自力半他力（であり、疑）は純他力の信に対すれば（半他力半自力の）疑であり、又純自力の悟に対すれば迷である」（「他力教の二大本尊」選集二—二五八頁）と記している。しかし今は相対他力と絶対他力の純他力の二面の関係を明らかにするところであるから、「半他力半自力の疑迷」については閣《さしお》くことにする。

そこで相対他力と絶対他力の純他力の関係について、「已に『大無量寿経』は法の真実を顕はして如来中心の絶対他力を鼓吹し、『観無量寿経』は機の真実を顕はして自己中心の相対他力を宣示してある」と記されている。このことはすでに述べたところである。

次に、『大経』は「如来中心の絶対他力を鼓吹」するものであるが、そのことを次に、「親鸞聖人の親著『教行信証』は已に（中略）真仏真土を示し、此を本尊と決定してある。此れ正に如来中心の絶対他力を示すものである」と記されている。「真仏真土を示し……」とは『教行信証』

「真仏土巻」の初めに、

「謹んで真仏土を案ずれば、仏はすなわちこれ不可思議光如来なり、土はまたこれ無量光明土なり。」

と説かれている「真仏真土」である。これは『大経』で説くところの絶対他力の世界観、真実の報土をこのようにいわれたものである。

『大経』が説くところの絶対他力教に対して、『観経』が説くところの相対他力教について、「然るに聖人の語録なる『歎異抄』には「弥陀の五劫思惟の願をよくよく按ずれば、ひとへに親鸞一人《いちにん》がためなりけり」と示されたる、此れ明《あきらか》に自己中心の相対他力を示すものである」と記されている。『歎異抄』は『観経』を背景として書かれたものであるから、今の引用文には「聖人の語録なる『歎異抄』には……」と記されているが、これは『観経』が「自己中心の相対他力を宣示してある」ことをいわれたものである。

この「五劫思惟の本願は親鸞一人がためなり（取意）」と本願を信受したことが、「此れ明に自己中心の相対他力を示すものである」と記されてあるが、この相対他力のところに「弥陀の五劫思惟の願」といわれる「如来中心の絶対他力」が顕現してくることを、このようにいわれたものであろう。故に相対他力を離れて絶対他力はないのであるが、また絶対他力を離れて相対他力があるわけでもない。絶対他力は相対他力を通して現れてくることをこのように教えられたものであろう。

次に、この「親鸞一人がためなり」という相対他力について、「世に如何なる聖賢がその実際生活に於て自己中心主義を離るるを得やう。我欲我見は道理上如何に不都合であつても、地を離れ得ざる人間に在りては止《やむ》を得ぬ随従者である。唯それが如来の信念に依りて麗しく霊化せられたが彼《か》の「親鸞一人がため」の表白である。世にまたと此に比すべき自己尊厳の自覚があらうや。如来と十方衆生とを挙げて自己一人の為と観ずる。而も此れ正しく如来中心の信念の人格化せるものである」と記されている。

「世に如何なる聖賢《せいけん》がその実際生活に於て自己中心主義を離るるを得やう」といわれる「聖賢」とは、今の「親鸞一人」だけではない。釈尊や七高僧といわれる「聖賢」であっても然り、まして我われにあっても然り、みな「実際生活に於て自己中心主義を離るるを得やう」、みな自己中心主義である、自己を立場とした生活である。そのことを次に「我欲我見は道理上如何に不都合であつても、地を離れ得ざる人間に在りては止を得ぬ随従者である」と記されている。「地」とは（「天」が如来中心主義であるのに対して）自己中心主義ということであろう。

ただこれら我らの「我欲我見」の自己中心主義が「如来の信念に依りて麗しく霊化せられたが

彼の「親鸞一人がため」の表白である」といわれているところは大事なところである。「霊化せられた」とは我われ人間を立場とした「我欲我見」の自己中心主義が如来中心の信念に転換せられたことである。すなわちこれまで我われは、長い間、自己中心主義の我執によって苦悩してきたのであるが、「親鸞一人がためなりけり」と五劫思惟の本願を信受した一念に、これまでの我らの長い間の「我欲我見」の自己中心主義が、この一念によってたちまち「麗しく霊化せられ」て、相対他力が絶対他力を開く契機となったのである。このことを次に、「世にまたと此に比すべき自己尊厳の自覚があらうや」と記されている。これ前の引用文において「我等の我執自力に対して無限の価値を認め給ふ」といわれていることだろう。そして「如来と十方衆生とを挙げて自己一人の為と観ずる。而も此れ正しく如来中心の信念の人格化せるものである」と記されている。すなわち「親鸞一人がためなり」という一念が開かれる時、自己中心主義の我らの「我欲我見」が「麗しく霊化せられ」た自己中心主義となるのである。しかし親鸞聖人は次に「さればそくばくの業をもちける身にてありけるを、たすけんとおぼしめしたちける本願のかたじけなさよ」と述懐しておられるのであるが、とくに「本願のかたじけなさよ」といつも本願を憶念されるところに、「親鸞一人がためなり」という自己中心主義が如来中心主義に転ずるのである。それは『観経』の相対他力が『大経』の絶対他力に転ずることである。そのことを「如来と十方衆生とを挙げて自己一人《いちにん》の為と観ずる。而も此れ正しく如来中心の信念（絶対他力）の人格化せるものである」といわれたものだろう。

それ故に、次に「則ち是の自己中心主義は同時に如来中心主義である。如来の大悲の人格が此一言の中に躍動して居る。自己の尊厳と如来の尊厳と相顕相映相成して、世界に於ける至美絶妙の陀羅尼《だらに》である。則ち此れ絶対他力を包容する相対他力の宣言であるのである。「自己中心主義」とは相対他力教をいい、「如来中心主義」とは絶対他力教のことである。すなわち「親鸞一人がためなり」と本願を信受する一念に「如来の大悲の人格が（中略）躍動して居る」といわれている。したがって「自己の尊厳と如来の尊厳と相顕相映相成して、世界に於ける至美絶妙の陀羅尼である」。

以上は、相対他力と絶対他力が相関わりあうことを記されたものである。単なる相対他力というものがあるわけでもない。また単なる絶対他力というものがあるのでもない。絶対他力がなければ相対他力はその至純なる基礎を失い、相対他力がなければ絶対他力は顕現してこないのである。「親鸞一人がためなり」という相対他力のところに絶対他力が現れるのである。その意味で相対他力は絶対他力を感得する唯一絶対の契機である。したがって「親鸞一人がためなり」と本願を信受した時、相対他力は「則ち此れ絶対他力を包容する相対他力である」と教えられたのである。

五、絶対他力と相対他力の関係（四）

――相対他力のうえに絶対他力と絶対自力が完備している

同じことであるが、曽我量深は、相対他力と絶対他力が相互に関係しあうことを次のように記している。

絶対他力と云へば唯甚《はなは》だ容易の如く思ふて居つたは我々である。而も此至易《しい》なるべくして、而も至難なるは絶対他力の大道である。『大無量寿経』には「難中之難、無過此難（難の中の難、これに過ぎたる難はなし）」と説き、『阿弥陀経』には「極難信」と宣べてある。自力無功と云ふことは人生上には全く実現せられ得るは難事である。難事なればこそ他力の必要がある、而も他力を実に体現すると云ふことは亦極難である。我等は人生上の最大問題として静かに此に向はねばならぬ。誠に分つたやうで分らず、分らぬやうで分るのは他力の意義である。

私は唯此相対他力の上に絶対他力と絶対自力との二つの要求が遺憾なく実現完備せられて居ることを此に断言するものである。此相対他力を離れて絶対他力も絶対自力も全くの妄想に過ぎぬのである。

（「他力教の二大本尊」選集二―二六一頁）

今の引用文のはじめに「絶対他力と云へば唯甚だ容易の如く思ふて居つたは我々である。而も此至易なるべくして、而も至難なるは絶対他力の大道である」と記されている。それは例えば、我われは「他力」というと、それは私を超えた力が私を駆りたてているのであって、その私を駆りたてる力を自己の内面に感ずることが「他力」であると、「甚だ容易の如く思ふて居つた」のであるが、これまで学んできたように、それが大悲の如来、法蔵菩薩の「深き悲痛」に依るものであることを聞けば、他力とは「至易なるべくして、而も至難なる」ことを教えられるのである。我われは「至易」であると思っていたが、如来にあっては「至難」なのであった。「至難」は如来の「至難」である。それは如来が我われ人間のうえに絶対他力を建立することは至難の業《わざ》であったのだ。そのことを我われは忘れていたのだった。我われは如来の極難信を憶念しなければ、相対他力ということはわからない。したがって絶対他力ということもわからないことになるのである。

そこを次に「『大無量寿経』には「難中之難、無過此難（難の中の難、これに過ぎたる難はなし）」と説き、『阿弥陀経』には「極難信」と宣べてある。自力無功（絶対他力）と云ふことは人生上には全く実現せられ得るは難事である。難事なればこそ他力の必要がある、而も他力を実に体現すると云ふことは亦極難である」と記されたのであろう。『大経』に「難中之難」といい、『阿弥陀経』に「極難信」と説くことは、我われの難信をいうのではない、我われ人間のうえに「自力無功」の絶対他力をいかにして建立することができるのか、という如来の極難信をいわれたものである。それ故に如来（法蔵菩薩）が、自力我執の深い我われに「自力無功と云ふこと（を感得すること）は人生上には全く実現せられ得るは難事である。難事なればこそ他力の必要がある、而も他力を実に体現すると云ふことは亦極難である」と述べられたものであろう。

そこで我われ人間の我執を見出された如来（法蔵菩薩）は、この深き私の我執を我が「我執」と引き受けて、「我等は人生上の最大問題として静かに此に向はねばならぬ」と感得されたのだろう。すなわち「此に向はねばならぬ」とは、法蔵菩薩が我われ人間の我執を見て、これは我が責任であると引き受けて下さったことを「我等は人生上の最大問題として静かに此に向はねばならぬ」といわれたのであろう。

そのことを我われ人間にすれば、「誠に分つたやうで分らず、分らぬやうで分るのは他力の意義である」と、法蔵菩薩の極難信のご苦労をこのように味わわれたものであろう。

そこで「自己の尊厳」を主張する我われ人間のうえに、いかにしてその我執を転じて「自力無功」の絶対他力を建立することができるか、その「実際的方法」が、我われ人間のうえに相対他力を建立することであった。このことはすでに述べてきたことであるが、このことを曽我量深は「私は唯此相対他力の上に絶対他力と絶対自力との二つの要求が遺憾なく実現完備せられて居ることを此に断言するものである。此相対他力を離れて絶対他力も絶対自力も全くの妄想に過ぎぬのである」と述べている。

ただ相対他力のうえに絶対他力が「実現完備せられて居る」ことは、これまで明らかにしてきたことであるが、もう一つの要求であるところの「絶対自力」といわれるものが、相対他力の上に完備されているとはどういうことであろうか。「絶対自力」という言葉は今、初めて出てきた言葉である。

この「絶対自力」について曽我量深は次のように述べている

六、「自力を捨つる能力」——如来の自力について

我々に自力修行の能力は勿論ない。而も此は我々の最後の問題ではない。何となれば我々に自力修行の能力がよしなくとも、自力を捨つるの能力があるならば此れ亦一面の自力有効を証明するものであるからである。自力の執心を捨つるの能力が我々になく、自力修行の無効を知りつゝ、依然として自力妄執を捨つるの自由なき所（自力無効を自覚する所）に、初めて徹底的自力無効観が成立する。真に捨てられざる自力に触れ、初めて捨てぬその侭《まま》に如来

に行くのである。自力を捨つるとは、自力を捨てんとの努力の無効（自力無効）を知り、此努力を捨つる所である。捨てぬ所に真に捨てる妙味がある。究竟的に自力を捨てるとは自力をその侭に置くと云ふことである。自力をその侭に置く所に初めて他力が味はるゝではないか。此一切の自力、究竟の自力、自力を捨てんとする所の自力（人間の自力）、此自力こそは捨てねばならず、又捨て得る自力である。

然れば他力宗教は我々の久遠の宗教でなく他力回向の宗教である。我等の久遠の宗教は自力宗（如来の自力宗）である。我等は久遠の自力宗を自己の衷心に発見して遂に絶体絶命となり（自力の心の「死」を自覚して）、茲《ここ》に忽然として「汝一心正念にして直に来れ」との西岸上の喚声を聞くのである。「直に来れ」の直の一字意義甚深である。

（「我等が久遠の宗教」選集二―三六九頁）

前には相対他力の上に絶対他力と絶対自力の二つの要求が完備されていることを述べた。ではこの絶対自力とは何か――、ということであるが、結論から先にいえば、絶対自力とは「如来の自力」をいわれたのであろう。では如来の自力とは何か、ということであるが、そのことを今の引用文では、「我々に自力修行の能力がよしなくとも、自力を捨つるの能力があるならば此れ亦一面の自力有効を証明するものである」と記されているが、この「自力を捨つるの能力」ということが如来の自力ということであり、すなわち絶対自力といわれることをこのように記されたものだろう。

「自力を捨つる」ということには二重の意味がある。第一は、自力の行を捨てることである。第二は自力我執の心を捨てることである。我われは第一の自力の行は捨てることができても、自力の執心は甚だ捨てがたいのである。

それはたとえば法然上人の吉水門下の人たちは、その多くが自力聖道門から法然上人の他力浄土教に帰入した人たちであった。聖光房《しょうこうぼう》弁長（鎮西）が然り、善恵房証空（西山）が然りである。これらの人は自力の行を捨てた人であった。その中にあって同じく天台の自力聖道門の行を捨てて法然上人の他力浄土教に帰入した人として善信房親鸞がいた。これら法然上人の吉水門下において、他力門に帰入しながらも、なおかつ自己の自力執心が残っていることを生涯の課題としたのは、善信房親鸞ひとりだけであった。

しかし我われは吉水門下の人のように自力聖道門の行を捨てたことはないし、「自力修行の能力は勿論ない」。しかし「此は我々の最後の問題ではない」のである。では「最後の問題」とは何か、それは第二の自力我執の心を捨てることである。しかし自力我執の心を捨てることは、自力我執を命としている我われにとっては不可能なことである。故に我われ人間にもし自力我執の心を捨てるようなことがあったならば、それは我われ人間を超えたものに由《よ》るといわなければならない。その我われ人間を超えたものを、ここでは「自力を捨つるの能力」といわれたのである。では「自力を捨つるの能力」とは何か――、ということであるが、曽我量深はその能力は法蔵菩薩の能力であると教えられたのである。したがって曽我量深は、「此れ亦一面（法蔵菩薩）の自力有効を証明するものである」といわれたのであろう。

我われは我われ人間を超えたものによって我われ人間の自力我執は転ぜられて、人間の力は自力無効となるが、人間の自力我執を無効とするにはその自力我執を無効とする「自力を捨つるの能力」があることを認めなければならないではないか。そのような不思議な能力が我われの内面にすでに回向されてあることを感得して、曽我量深は「自力有効を証明するもの」といわれたのであろう。

では「自力を捨つるの能力」とはどういう能力であるか、ということであるが、その能力とは我われ人間の自力我執を徹底的に否定する能力であるといわれている。

その「自力を捨つるの能力」を次に、「①自力の執心を捨つるの能力が我々になく、②自力修行の無効を知りつゝ、依然として自力妄執を捨つるの自由なき所に、初めて徹底的自力無効観が成立する」といわれている。

そこで「自力を捨つるの能力」とは何か、ということであるが、それは①「自力の執心を捨つるの能力が我々にない」ことを自覚する能力であり、また②「自力修行の無効を知りつゝ、依然として自力妄執を捨つるの自由なき」ことを自覚する能力である、といわれている。

これは一体どういうことだろうか。まず①「自力の執心を捨つるの能力が我々にない」ことを自覚することであるが、これは無自覚で而《しか》も「自己の尊厳を主張している」我われ人間を浄玻璃鏡として、法蔵菩薩が自らが①「自力の執心を捨つるの能力がない」ことを自覚されたことを、かく記されたものだろう。

あるいは次に②「自力修行の無効を知りつゝ、依然として自力妄執を捨つるの自由なき」ことを自覚する、ということであるが、これは我われが、たとえ自力の行は捨てることができたとしても、その自力の行を捨てたと思っている「自力の心」は依然として残っているのである。しかし我われはその「自力の心」が残っていることはわからないが、法蔵菩薩はその「自力の心」が残っている我われを浄玻璃鏡として、「自力の心」を捨てようとすることができないことを痛まれたのであった。親鸞聖人はそのことを『悲歎述懐和讃』に「浄土真宗に帰すれども、真実の心はありがたし、虚仮不実《こけふじつ》のわが身にて、清浄の心もさらになし」と述べているのである。そのことを今の引用文では、法蔵菩薩が②「自力修行の無効を知りつゝ、依然として自力妄執を捨つるの自由なき」ことを自覚された、と記されたものであろう。

すなわち法蔵菩薩は自らが、①「自力の執心を捨つるの能力が我々にない」という自覚どころか、②「自力修行の無効を知りつゝ、依然として自力妄執を捨つるの自由」すらなきことを自覚されて、絶対絶命になるのである。これ、『観経』「下下品」では「命終《みょうじゅう》の時に臨んで……」と説かれ、『二河白道の譬喩』では「三定死《さんじょうし》」をとおして「すでにこの道あり」と新しい道を見出した時を、「初めて徹底的自力無効観が成立する」と記されている所以であろう。

繰りかえすことになるが、これは法蔵菩薩の自覚をこのように記されたものであって、我われ人間の自覚のことではない。「自己の尊厳を主張する」我われにこのような自覚は不可能である。が、もし我われに「①自力の執心を捨つるの能力が我々になく、②自力修行の無効を知りつゝ、依然として自力妄執を捨つるの自由」がないことを自覚することができるならば、それは我われを超えたものによってであるといわなければならない。その我われを超えたものを、ここでは「自力を捨つるの能力」といわれたのであるが、曽我量深は、それは法蔵菩薩の「自力を捨つるの能力」であると教えられたものであった。

すなわち法蔵菩薩みずからが無自覚な我われ人間を浄玻璃鏡として、かく自覚されたのであった。そしてかく自覚されたことによって、我われにおいて「初めて徹底的自力無効観が成立する」のであると教えられるのである。

もし我われが「徹底的自力無効観が成立する」ことを体験せしめられたならば、それは法蔵菩薩の「自力を捨つるの能力」に依るものであることを憶念しなければならない。

七、自力の極まりと他力の端緒

故に「真に捨てられざる自力に触れ、初めて捨てぬその侭《まま》に如来に行くのである」といわれている。「真に捨てられざる自力に触れ……」とは「①自力の執心を捨つるの能力が我々になく、②自力修行の無効を知りつゝ、依然として自力妄執を捨つるの自由」がないという自覚に触れることである。もちろんこの自覚は、前にも述べたが、我われ人間の自覚ではない、法蔵菩薩ご自身が我われの我執をかく自覚されたのであった。この法蔵菩薩の自覚によって、我われは「初めて捨てぬその侭に如来に行く」ことができるのである。「如来に行く」とは絶対他力を感得することができる、ということであろう。

「如来に行く」ということであるが、一般に我われ人間の我執や、その我執から発生する人間のはからいは、如来の他力を妨害するものと思われたり、あるいは他力を否定するものであると誤解しているものがある。筆者自身も長い間そのように思っていた。しかし曽我量深は、「世の人は、自力我執が如来を否定するものであると思っているが、それは甚だ誤れるものである。絶対他力の見地から見れば、自力我執は、一面には自己の無力を自覚せしめるものであるが、それと共に自力我執を究竟の拠り所として如来の絶対無限の力、すなわち絶対他力を信知せしめんがためのものである」（『七祖教系論』選集一―五二頁の取意）と記している。そして前にも述べたように、「この（自力我執の）悲痛ありて信仰は常に清新の生命を有することができる」のである。こういうことが「真に捨てられざる自力に触れ、初めて捨てぬその侭に如来に行くこと」ができる、つまり絶対他力を感得することができる、と教えられたのである。

同じことであるが、次に「自力を捨つるとは、自力を捨てんとの努力の無効を知り、此努力を捨つる所である。捨てぬ所に真に捨てる妙味がある」と記されている。「自力を捨てんとの努力の無効」を知るとは、自力の妄執を捨てようとすること自身が「自力の妄執」である。その自力の妄執を捨てようとする「自力」の無効であることを知ることである。それは「自力を捨てんとの努力」したものが自力に行き詰まって、その極みに、「自力を捨てんとの努力の無効」を真に自覚することができて、自力を捨てようとする「努力を捨つる」ことができるのである。

そこに「捨てぬ所に真に捨てる妙味がある」と記されているが、これも自力の心を捨てようと努力したものが、その自力の心に行き詰まり、その極みにおいて、捨てようとする「自力我執」は、一面は自力の無力を知るとともに、絶対他力を反顕する契機となるのである。いいかえれば、他力信心を妨げるものと誤られていた「自力我執」は、かえって絶対他力の信を反顕するための条件となるのである。

しかし絶対他力の信を得た一念に立って、この一念に至るまでの過去遠々の歴程をふりかえりみれば、これまで自分が自我意識を立場として、私がいたずらに苦しみ悩んできたと思われる自力我執の心は、それはそのまま、私に同体したもう法蔵菩薩の大悲痛であったことが知られて、はじめから他力、すなわち如来に念じられていたことが知られてくるのである。そこを今の引用文には、自力我執を「捨てぬ所に真に捨てる妙味がある」といわれたのであろう。

したがって次に「究竟的に自力を捨てるとは自力をその侭《まま》に置くと云ふことである。自力をその侭に置く所に初めて他力が味はるゝではないか」といわれるのである。「究竟的に自力を捨るとは自力をその侭に置くと云ふこと」とは、自力の妄念を尽くそうとして自力を尽くして努力したものが、その自力に行き詰まって、自力の無効を知って「自力をその侭に置く」ことである。そして自力の無効を知ったものにおいて、「初めて他力が味はるゝではないか」といわれたものであろう。「初めて他力が味はる」とは、如来中心の絶対他力の世界が開かれてくることである。

次に「此一切の自力、究竟の自力、自力を捨てんとする所の自力、此自力こそは捨てねばならず、又捨て得る自力である」と記されているが、「究竟の自力、自力を捨てんとする所の自力」とは、今申したごとく、自らの自力我執を捨てようとする「自力」である。その自力を「究竟の自力、自力を捨てんとする所の自力」といわれたのだろう。その「自力」の無効なることを知ることが、「此自力こそは捨てねばならず、又捨て得る自力である」。そしてこの「自力」の無効なることを知る時に、初めて他力の端緒を感得することができることをいわれたものであろう。

この故に「然れば他力宗教は我々の久遠の宗教でなく他力回向の宗教である。我等の久遠の宗教は自力宗である。我等は久遠の自力宗を自己の衷心に発見して遂に絶体絶命となり、茲に忽然として「汝一心正念にして直に来れ」との西岸上の喚声を聞くのである。「直に来れ」の直の一字、意義甚深である」と記されている。

まず「他力宗教は我々の久遠の宗教でなく他力回向の宗教である」とあるが、この「他力回向の宗教」とは、これは今申したごとく、自力我執を尽くそうとしたものが、その尽くそうとした「自力」に行き詰まり、自力の無効を知った時、初めて絶対他力の宗教が回向表現されるのであろう。そのことを「他力宗教は我々の久遠の宗教でなく他力回向の宗教である」といわれたものである。はじめから絶対他力というものがあるのではない。絶対他力は自力の極まりにおいて初めて回向表現されることを教えられたものである。

それに対して「我等の久遠の宗教は自力宗である」といわれているが、これは相対他力のことをいわれたものであろう。すなわち自力我執の心を捨てようとする心がすでに「自力の心」であると述べたが、法蔵菩薩は我等人間には永遠に「自力の心」の域を出ないことを感得されたことを「我等の久遠の宗教は自力宗である」といわれたのであろう。そして法蔵菩薩は我われ人間の自力を浄玻璃鏡として、「自己の衷心」に自力の心ではどうすることもできなくなったことを自覚された時を、「我等は久遠の自力宗を自己の衷心に発見して遂に絶体絶命」になる、と記されたのであろう。その時「忽然として「汝一心正念にして直に来れ」との西岸上の喚声を聞くのである」。すなわち、自分ではない、自分を超えた声を自分の内面に聞くことができて、初めて絶対他力の「始まり」を感得するのである。それ故に「直に来れ」と、自分を超えた声が自分の内面に聞こえてきた、この「直（直ちに）の一字、意義甚深である」と記されたのであろう。

以上は、これまで長い間の自力我執の生活をしてきた我われが、ついに自力に行き詰まってどうにもならなくなったことを体験した時、その時初めて他力の端緒を感得せしめられることを述べてきた。しかし我われがそう体験せしめられるには、それに先だって、我われのことを我われ以上に念じて、我われの自力我執の心を転じて絶対他力を感得せしめて下さるものがあったことを憶念しなければならない。曽我量深は、それは法蔵菩薩の「自力を捨つる能力」である、と教えられたものである。

八、他力とは我が信念であり、名号である

以上、自力と他力の関係について学んできたが、さらに徹底して自力と他力の関係を明らかにしてゆきたい。次に引用するところは、自力と他力を「自利」と「利他」という言葉で、その関わりが記されているところである。

我々は他力の名を深く味はゝねばならぬ。他力の名字は如来にありては利他の力と云ふべきもので、他力の名は唯我等の方に来りて初めて云ひ得べき文字である。我々の他力は如来の方に在りては寧ろ自力と云ふべきではない乎。

されば他力の文字は我々が親しく自己の胸中に如来利他の力を実験した時にのみ意味あるものである。即ち客観には厳密に他力なるものはない。他力は唯我々の主観の自覚にのみ存するのである。如来の自力は我が胸中に回向せられて初めて他力の名を得たのである。我々は客観の他力に救はるゝのではない、主観上の他力救済の念（信念）に救はる、のである。否救済てふ実験を客観化して他力の名を与へたに過ぎぬのである。救済の信念の外に救済なく、又他力はない。我等の実験する所は唯現在救済の信念ばかりである。此信念が則ち唯一の救済である、唯一の他力である。

他力は外《そと》より来らずして胸より涌く。他力と云ひ、救済と云ふは畢竟他力救済てふ信念の大事実が自ら表明せる霊的文字に過ぎぬのである。

誠に信念の外《ほか》に名号なく、名号の外に本願なく、本願の外に如来はない。而して信念が直接に接触する所信の境界は唯名号の一つである。此名号は如来の本願が我々衆生に回向発現せる唯一の実在である。

此名号がなかつたならば我浄土教は唯空漠なる未来浄土憧憬の自力迷心の宗教となる乎、若くは徒に無想離念の概念を冥想する自力教に返たであらう。然るに人生に現はれたる此名号は遂に我祖聖に依り、初めて我等の主観の胸中に現はれたる親しき救済主であるとせられた。我々は悲しみながら名号を唱へて臨終の来迎の如来を念ずべきではない。此名号は此人生に於ける真実の如来である。此胸中に回向潜在せる名号を以て直に真の救済主と自覚するが真実信心である。「親鸞一人が為めなりけり」の告白は此胸中の如来、単に自己一人を親しく救済する如来に対する讃仰の語である。（「他力は胸より湧く」選集二―三六三～三六四頁）

まず「我々は他力の名を深く味はゝねばならぬ。他力の名字は如来にありては利他の力と云ふべきもので、他力の名は唯我等の方に来りて初めて云ひ得べき文字である。我々の他力は如来の方に在りては寧ろ自力と云ふべきではない乎」と記されていることであるが、これは「他力」とは我われ人間のうえにおいていう言葉であって、如来にあっては「利他の力」というべきであると記されたものである。

ただこの次に、「我々の他力は如来の方に在りては寧ろ自力と云ふべきではない乎」と記されているが、これをどのように了解すればよいのだろうか。

このことを考えてみるに、前には「他力」とは我われ人間にあっては自分の力ではない、自分を超えた力であるから「他力」というと述べたが、では自分を超えた力とは何か――、ということであるが、その力を、今の引用文では「如来の方に在りては寧《むし》ろ自力と云ふべきではない乎」と記されたものであろう。「如来の方に在りては寧ろ自力と云ふべきではない乎」といわれていることを、以下は略して「如来の自力」ということにするが、では「如来の自力」とはどういうことだろうか。

前には「如来の自力」を、「絶対自力」といい、それは「自力を捨つる能力」であるといわれていたが、親鸞聖人はこの「如来の自力」を、『愚禿鈔』では「自利の信心」といわれ、それは「機《き》の深信《じんしん》、罪悪の自覚」であるといわれているのである。すなわち親鸞聖人は『愚禿鈔』において、「機の深信、罪悪の自覚を以て自利の信心と釈し、法の深信、仏願乗託《じょうたく》の信を以て利他の信海である」（取意）と註釈されているのである。今は「法の深信、仏願乗托の信」のことはさておいて後で触れることにするが、『愚禿鈔』において「機の深信、罪悪の自覚とは自利の信心である」と註釈し、更にこの「自利の信心とは自力である」（取意）と註釈されているのである。

結論から云えば、親鸞聖人が『愚禿鈔』で「自利の信心とは自力である」といわれるこの「自力」を、曽我量深は今の引用文において、これは「如来の方に在りては寧ろ自力と云ふべきではない乎」、すなわちこれは「如来の自力」でないか、といわれたのだろう。なぜなら機の深信や罪悪の自覚は我われ人間においては自覚することができないからである。機の深信や罪悪の自覚とは、法蔵菩薩が我われ人間の自力我執の心を浄玻璃鏡として、我われ人間の我執を我が「我執」であると自覚されたのであった。その自覚が機の深信、罪悪の自覚である。前に述べた言葉でいえば、自力我執を尽くそうとしたものが、その尽くそうとした「自力」に行き詰まり、自力の全く無効であることを知ったと云ったが、自力無効を知ることが機の深信であり罪悪の自覚といわれるものである。が、そのことを自覚する能力は我われ人間ではないから、それは如来の「自利の信心」であり、その「自利の信心とは自力である」（取意）と註釈されたのだろう。

我われは自力といえば自分を立場として起行《きぎょう》することが自力であると思っているが、我われにはそれが「自力」であるという自覚はない。「自力」は如来が自ら自覚された自覚内容であるといわねばならない。

そして法蔵菩薩がみずから自力無効という「自利の信心」を感得された時、すなわち自力の終る時、そこに他力の始まりがある。そのことはすでに述べたところであるが、その他力が始まるところを『愚禿鈔』では「法の深信、仏願乗托の信を以て利他の信海という」（取意）と註釈されたのであった。その「利他の信海」が、今の引用文では「如来にありては利他の力と云うべきもの」と記されているところの如来「利他の力」である。

我われは他力といえば「甚《はなは》だ容易の如く思ふて居つた」のであるが、まことに「我々は他力の名を深く味は、ねばならぬ」のである。

次に、「されば他力の文字は我々が親しく自己の胸中に如来利他の力を実験した時にのみ意味あるものである。即ち客観には厳密に他力なるものはない。他力は唯我々の主観の自覚にのみ存するのである。如来の自力は我が胸中に回向せられて初めて他力の名を得たのである」と記されているが、「されば他力の文字は我々が親しく自己の胸中に如来利他の力を実験した時にのみ意味あるものである」といわれていることについて、今申したように、機の深信、罪悪の自覚とは如来の「自利の信心」である。すなわち「如来の自力」といわれるものである。その自力が終る時、他力が始まる、ということはすでに述べたところであるが、その「他力」が、ここで「如来利他の力」といわれているものである。

ただ我われはその「如来利他の力」をどこで感得するか——。そのことを今の引用文では、「自己の胸中に如来利他の力を実験した時にのみ」他力といえるのであると述べられ、あるいは

「他力の名字は如来にありては利他の力と云ふべきもので、他力の名は唯我等の方に来りて初めて云ひ得べき文字である」と述べられたものである。「実験」とは我われが実際に体験することである。

したがって他力は我われ人間の外から感得するものではない。宇宙に意志があるのではない。意志は「自己の胸中」に感得するものである。そこをこの引用文の題目が示すとおり、「他力は我が胸より涌く」といわれるのである。あるいはそこを「即ち客観には厳密に他力なるものはない。他力は唯我々の主観の自覚にのみ存するのである。如来の自力（如来利他の力）は我が胸中に回向せられて初めて他力の名を得たのである」と記されたのであった。

なお他力とは「如来利他の力」を自己の主観のうえに実験することであるが、そのことをこの後では「名号」と述べられている。他力とは、具体的に我らのうえにおいては名号である。ただこのことの詳細は最後に触れることにする。

次に、「我々は客観の他力に救はる、のではない、主観上の他力救済の念に救はるるのである。否救済てふ実験を客観化して他力の名を与へたに過ぎぬのである。救済の信念の外に救済なく、又他力はない。我等の実験する所は唯現在救済の信念ばかりである。此信念が則ち唯一の救済である、唯一の他力である」といわれている。

これまで他力は客観にあるのではない、「他力は唯我々の主観の自覚にのみ存するのである」と云われてきたが、では「我々の主観の自覚」とは何か、ということであるが、そのことについて今の引用文では、「我々は客観の他力に救はる、のではない、主観上の他力救済の念に救はる、のである」と記されているのである。

では「主観上の他力救済の念」とは何か。この「念」について、同じことであるが曽我量深は『暴風駛雨』において、

清沢師が「他力救済の念にすくはるる」と特に念の一字を加へられた意義を味ふことが出来る。此念とは信念である。空漠なる客観的他力に救はる、に非ず、主観なる他力回向の信念に救はるるのである。（「宗教上の「我」の名字」選集四―三三四頁）

と、清沢満之が「念（信念）」という文字を加へられた意義に注目して、このように記されている。「念」とは「信念」である。すなわち我われは客観的な他力に救われるのではない、「如来利他の力」を体験した我われは「主観なる他力回向の信念に救はるる」と教えられるのである。そしてこの「信念」が我われが体験する「唯一の他力」である、と教えられたものである。

故に、次に「他力は外《そと》より来らずして胸より涌く。他力と云ひ、救済と云ふは畢竟他力救済てふ信念の大事実が自ら表明せる霊的文字に過ぎぬのである」といわれているのである。

同じことを繰りかえすようであるが、曽我量深の他力観の大事なところは、「他力は外より来らずして」、我が胸中に我が信念を感得することである。感得した時が「如来利他の力」を体験した時である。客観に他力があるのではない、他力は我われの主観の信念にのみ在るのである、と教えられるものである。

次に、「誠に信念の外《ほか》に名号なく、名号の外に本願なく、本願の外に如来はない。而して信念が直接に接触する所信の境界は唯名号の一つである。此名号は如来の本願が我々衆生に回向発現せる唯一の実在である」と記されている。

これは、前には「信念」が我われが体験する「唯一の他力」であると記されていたが、ここでは「信念」とは具体的には何であるか、といえばそれは「名号」である。そこを「誠に信念の外に名号なく、名号の外に本願なく、本願の外に如来はない」といわれたものである。すなわち名号が「唯一の他力」であると記されたものである。

前には他力、すなわち「如来利他の力」を自己の主観に実験すれば、それは具体的には「名号」であると云ったが、いいかえれば「名号」とは、如来が我われ衆生の身《しん》・口《く》・意《い》の行業《ぎょうごう》となって具体化して下さることである。それは無意識からの意志である。そのことを今の引用文では、「（如来回向の）信念の外に名号なく、名号の外に本願なく、本願の外に如来はない」といわれるのである。また如来からいえば、（如来回向の）信念の外に名号はないが故に、「（如来回向の）信念が直接に衆生と接触する所信の境界は唯名号の一つである。此名号は如来の本願が我々衆生に回向発現せる唯一の実在である」といわれる。

したがって次に「此名号がなかつたならば我が浄土教は唯空漠なる未来浄土憧憬の自力迷心の宗教となる乎、若くは徒らに無想離念の概念を冥想する自力教に返ったであらう」といわれるのは当然のことである。

そして次に「然るに人生に現はれたる此名号は遂に我祖聖に依り、始めて我等の主観の胸中に現はれたる親しき救済主であるとせられた」といわれている。「親しき救済主」とは、如来が我われ衆生の主観の信念となり名号として、すなわち衆生の身・口・意の行業として回向表現することである。もし「親しき救済主」として名号が回向表現されなかったならば、「我浄土教は唯空漠なる未来浄土憧憬の自力迷心の宗教となる乎、若くは徒に無想離念の概念を冥想する自力教に返たであらう」。如来が我われのうえに名号となること、これが如来が衆生を救う唯一の方法である、と教えられたものである。

「我々は悲しみながら名号を唱へて臨終の来迎の如来を念ずべきではない。此名号は此人生に於ける真実の如来である。此胸中に回向潜在せる名号を以て直に真の救済主と自覚するが真実信心である。「親鸞一人が為めなりけり」の告白は此胸中の如来、単に自己一人を親しく救済する如来に対する讃仰の語である」。

他力は外から来るのでなく、衆生の貪瞋の胸より誕生するのである。貪瞋の悩みの胸より生じたる南無阿弥陀仏の名号こそが救済主である。我われは、親しく我が心中に南無阿弥陀仏の名号を憶念すべきである。

以上、『歎異抄』の言葉でいえば「親鸞一人がため」と本願を信受した時、相対他力において、絶対他力と絶対自力を味わうことができることを学んできた。我われは長い間、貪欲と瞋恚の煩悩によってもがき、あがき、いたずらに苦悩してきたのであるが、そのもとは我われの右胸（心想中）に根源をおく我執我見であった。しかし我われはなぜ苦悩するのか、これまでは苦悩する意味がわからなかったのであるが、「曽我量深の他力観」を通して、その我執我見は単に私の個人的な我執我見ではなくて、我われ人間の我執我見に同体したもう相対他力の我執我見であることを教えられる時、これまでの長い間の我執我見はたちまちに転換せしめられて自力無効を自覚せしめられるとともに、絶対他力を感得せしめられることになるのである。

しかしそれに先だって、我われが深き我執我見を自覚して転換せしめられるには、すでに我われの我執我見を転換せしめる絶対自力、すなわち「如来の自力」が我われの内面に実在することを証明するものではないか。そのことを前には「此れ亦一面の自力有効を証明するものである」と云われた所以であろう。

我われは自己のうえに自力無効と絶対他力を体験する時、この体験の依って来たる「如来の自力」を憶念しなければならないではないか。この「如来の自力」とは、前には「自力を捨つる能力」と記されていたが、この「如来の自力」が、具体的には我われのうえには信念となり名号となって、すでに回向表現されていることを憶念しなければならないではないか。この「絶対自力の如来」を、親鸞聖人は「他力とは如来の本願力なり」（『行巻』）といわれ、清沢満之は「絶対無限の妙用」（『絶対他力の大道』）といわれ、曽我量深は「如来因位の本願力」すなわち法蔵菩薩の本願力といわれたのであった。

第六章　『観経』は凡夫としての釈尊の実録

一、韋提希の救い

曽我量深は大正二年、三十九歳の時、法蔵菩薩を我が身に感得して、「如来、我《われ》となるとは法蔵菩薩降誕のことなり」と記している（選集二―四〇八頁）。そこからふりかえりみれば、それ以前の曽我量深の思想的な歩みは、法蔵菩薩を感得する為の道程であったと自ら記している（「曽我量深論集」第二巻『地上の救主』の「序」）。

その道程の一つとして曽我量深は、『観経』の釈尊は「凡夫としての釈尊」であることを感得している。このような見解は曽我量深独自のものである。とくに『観経』の釈尊が凡夫であるとは、破天荒な見解のように聞こえるが、結論からいえば、『観経』の釈尊は、助ける立場におられた釈尊が助けられるべき凡夫（衆生）を自覚された釈尊であった。その「凡夫を自覚された釈尊」とは、タスケテの如来がタスケラレテとなられた法蔵菩薩であることを感得して、このように記されたのである。

以下は法蔵菩薩の具体的な内容を明らかにするために、章を改めて、『観経』の釈尊について曽我量深が記しているところを引用してみたいと思う。


さて、『観経』の「序分」には「王舎城の悲劇」が説かれているが、その「序分」の「厭苦縁」には、

我、宿何《むかし》の罪ありてか此の悪子を生める。

また世尊は何等の因縁ありてか提婆達多《だいばだった》と共に眷属たるや。


と説かれている。これは韋提希が釈尊の姿を拝するや、開口一番に述べた言葉である。それは釈尊に対して説法を乞う言葉ではなくて、自分に対する愚痴と釈尊に対する恨みの言葉であった。その恨みの言葉に出てくる「提婆達多」とは、釈尊と従兄弟《いとこ》の関係にある眷属であった。この「提婆達多が我が子阿闍世をそそのかしてこのような悲劇となったのだ」という韋提希の恨みのこもった言葉を聞いた釈尊は、釈尊のご一代においてこれほど厳しい言葉に接したことは無かったに違いないと忖度《そんたく》するのである。

この一句に最も注目したのが曽我量深である。曽我量深は釈尊に恨みを述べる「韋提希」、およびその恨みの言葉の中に出てくる「提婆達多」を浄玻璃鏡として、釈尊自らが「凡夫」である

ことを自覚されたのである、と教える。そのことを曽我量深は次のように記すのである。

我々は『観経』を以て、釈尊の自己の反省の実録と信ずる。換言すれば、王后韋提の自絶《じぜつ》瓔珞《ようらく》の求哀の縁に依りて眼前に映ぜし浄玻璃鏡であつて、「世尊亦何の因縁ありて提婆達多と眷属たるや」との一言は、正に釈尊の現実を映す所の浄玻璃鏡である。人々は『阿含経』が人間としての釈尊の生活を説くと言ふ。今『観経』は凡夫として、極重悪人としての釈尊を顕はすものである。

（「浄玻璃鏡上の釈尊としての『観経』下々品」選集二―二八三～二八四頁）

かくて「凡夫として、極重悪人としての釈尊」が歩まれた実録が『観経』である。

曽我量深は『観経』の釈尊が「凡夫としての釈尊」であることを次のように記している。

達多（提婆達多）、闍世（阿闍世）の逆悪を縁とし、女性韋提（韋提希）の痛切なる厭苦《おんく》・欣《ごん》浄《じょう》を因として開説せられたる『観無量寿経』が、宇宙人生の最深秘密なる仏心大悲の事実を隈なく顕彰せる唯一経典なることは言を要せぬ。惟《おも》ふに此の経典には三重の観察がある。

第一、韋提、提婆、闍世、頻婆娑羅等を以て実業《じつごう》の凡夫とし、唯《ただ》教主釈尊を以て如来となす観方。

第二、啻《あきら》かに釈尊が如来の応現なるのみならず、韋提・提婆等も等しく釈尊と力をあはせて、仏心大悲の事実を身証して、未来の有情を救済し給へる大聖《だいしょう》の権化《ごんげ》（権化の仁）となす観方。

第三、啻かに韋提や提婆や闍世が実業の凡人でありしのみならず、釈尊亦悪逆提婆と深き関係を有せる一人間に過ぎずとなす観方。

第一は善導大師の観方であり、第二は親鸞聖人の観方であり、第三はわが現在の妄想である。

霊界の超人釈尊は『法華経』に在りては久遠実成《くおんじつじょう》の法身として説かれ、『阿含経』には森厳なる道の実行者として説かれて在る。その他一切経典、一としてその超人たるを示さゞるものはない。此を以て依然たる「一箇の凡人に過ぎず」となすことは数多の経典中、唯『観経』一巻である。

『観経』は実に凡人でなければ説けない経典にして、又凡人でなければ聞信することの出来ぬ経典である。

（「観無量寿経の三重観」選集四―三〇二～三〇三頁）

第一の見方は善導の『観経』観であり、第二の見方は親鸞の見方であると記されていることは既に承知されているところであるが、釈尊が「一箇の凡人に過ぎず」とはかつて聞いたことがないことである。曽我量深は、それは「わが現在の妄想である」というが、これが曽我量深の『観経』釈尊観の結論である。いったいそれはどういういきさつ（いわれ）をとおして釈尊は「一箇の凡人に過ぎず」といえるのだろうか。

曽我量深は『観経』の釈尊について、二段にわけて記している。二段とは「定善」を実践する釈尊と、もう一段は「散善」を実践する釈尊である。はじめに「定善」を実践する釈尊について、曽我量深が記すところを引用して考えてみることにする。

> 『観無量寿経』は、釈尊の深奥《しんおう》なる自叙伝である。（中略）
> 私は久しき以前より、『観経』下々品の逆悪の人体《にんたい》を以て教主釈尊の浄玻璃鏡上の御姿と味うて居る。而して下々品の悪人の、臨終の善智識を以て提婆達多其人《そのひと》であると信ずる。私は『法華経』の提婆品の文字と『観経』序分の「世尊復有何等因縁、与提婆達多、共為眷属（世尊は何等の因縁ありてか提婆達多と共に眷属たるや）」の文字とを照応して、恐れ多きことながら釈尊の神秘の霊胸を、さぞと忖度《そんたく》するものである。恐らくば釈尊は、韋提夫人の「世尊復有何等因縁（世尊は何等の因縁ありてか……）」の恨み深き語に依りて、浄玻璃鏡前に立つて、提婆善知識に始めて遭はれたことであらう。提婆は自己の全生命を捨て丶、釈尊を自覚せし

めた。

私は今まで、下々品の経文は又釈尊が提婆の刹那超躍の霊跡《れいせき》を語られたのであると思うて居たが、今思へば此の下々品全体の文字が、其侭、釈尊の胸底より響く所の提婆の説法であつたのである。まことに提婆は下々品の経文中の善智識であると共に、下々品の経文の説者である。則ち『観経』全部は、単なる釈尊が韋提夫人に対する説法ではなく、釈尊の胸底より提婆達多が誕生して、釈尊をして彼自らを語らしめた者である。かくて韋提夫人の恨の焦点であつた提婆は、誠に韋提の真実の救主であつた。『観経』全部の真の説者は、釈尊の善知識なる、提婆の自覚の表明である。（中略）かくて私は現に教主としての釈尊に遭ふことすら不思議なるに、今や現在に永久の求道者としての釈尊に遭ふことの不思議を思ふ。久遠の釈尊とは、此求道者の釈尊である。天上から降誕せる聖者の渠《かれ》でなく、地涌の凡人の渠こそは、渠の久遠の面目である。

『観経』の「第七華座観」の始めに、釈尊は韋提夫人に向ひ、今や世尊は、汝に苦悩を除くの法を説くべし、と宣説せられ、此の宣説の未だ終らざるに当りて、忽ち空中に阿弥陀如来が住立し給ひたと説いてある。如来は一言の説法もなかつた。唯黙して空中に立ち給ひた。顕《けん》（文字のうえ）に定散《じょうさん》（定善・散善）の諸善を説きたる『観経』は、消極的禁欲的なる釈尊の皮相的生活を示すものである。「苦悩」の文字（「汝に苦悩を除くの法を説くべし」の「苦悩」の文字）は、正に定散二善を彩《いろど》られたる釈尊の胸中の秘密を曝露し、則ち文字の上の「韋提」と云ふのが、釈尊の正体である。則ち経文に「世尊」とあるは、反りて提婆や韋提を表示し、「提婆」「韋提」の名が、反つて釈尊御自身の表現であつた。是には説者と聴者と、主客が全く転換して居るのである。釈尊は韋提に向つて「汝是凡夫（汝は是れ凡夫なり）」と教へられたが、此の語に最も直接に触れて、胸中の大動乱を感ぜられた人は、韋提でなくて、恐らくは釈尊であらせられた。私は『観経』の上に、大動乱の釈尊に接する。一心に如来に帰命せる釈尊に接する。韋提に向つて除苦悩法《じょくのうほう》（苦悩を除く法）を説かんと宣言した釈尊こそは、常に苦悩を除く救済の父を求めつゝ、あらせられたのである。此の釈尊の一心帰命の信欲（信念）の前に、阿弥陀如来が住立出現し給ひたのである。

則ち釈尊の前に現れたる如来は、則ち釈尊の信念の表現である。それは彼の冥想の境ではない。もし冥想の境ならば、現はれたる如来は立て居らずに、蓮華座上に端坐して居らせらるべき筈である。今住立の如来とあるは、定観《じょうかん》（定善観）の対象でなく、即ち観照の如来でなく、真実に彼の信念の表現の報身《ほうじん》（阿弥陀仏）の真仏であつた。単に言語を以て教ゆる如来でなく、全我を以て活動し、親しく生死の現実界に来りて、身を以て我《われ》を呼ぶ如来であつた。第十八願は、法蔵比丘の御語と記されてある。併し此は人間の語の如き空言ではない。真実の彼の大行である。住立、行動、来現、是れ急救常没の真の如来の本願である。本願とて別にあるのではない、如来の自己の表示である。黙する所に真実の仏語がある。彼の全身は悉く躍動して居るではない乎《か》。げに此の如来こそ、釈尊の真主観の世界に誕生したまふ真仏であつた。

次の「像観」(第八観)の始めにある「諸仏如来、是法界身、入一切衆生心想中(諸仏如来は是れ法界の身なり、一切衆生の心想中に入りたまへり)」の文字や、又「真身観」(第九観)の「念仏衆生、摂取不捨」の文字の如き、共に機法、仏凡の一体を示して、住立空中の如来と信念との一体なることを宣説せられたものである。

惟《おも》ふに『観経』は畢竟釈尊の信念なる如来の本願海を宣示するにあるが故に、其全部は、黙せる住立空中の如来(提婆達多)の活動に外ならない。善導大師が「安楽の能人《のうにん》(法蔵菩薩)は別意《べつい》の弘願《ぐがん》を顕彰《けんしょう》す」と云はれたのは『観経』一部、悉く如来の本願であるとせられたのである。

(「『二河譬』と『観経』」選集三―四五頁～四七頁)

これは『観経』の釈尊が「提婆達多」を浄玻璃の鏡として、その前に立たれた釈尊の自覚の光景を記されたものである。その光景は、「『観経』全部の真の説者は、釈尊の善知識なる提婆」であり、聴者は「凡夫」を自覚された釈尊である。まことに「説者と聴者と、主客が全く転換して居る」光景である。

「提婆善知識」の前に立たれた釈尊は「凡夫としての釈尊」であるとともに「永久の求道者」としての釈尊であると記されているが、なぜ『観経』の釈尊は「凡夫としての釈尊」「永久の求道者」としての釈尊なのかと考えてみるに、それはタスケテの如来がタスケラレテの凡夫を自覚された「法蔵菩薩としての釈尊」をこのように記されたものであろう。

かくて愚痴と恨みの「韋提希」を浄玻璃鏡として、「凡夫としての釈尊」の歩まれた道行きが『観経』の「定善」の道行きである、と曽我量深は教える。その「定善」とは何か――ということは後に触れることにするが、「定善」の道を実践する釈尊は、今の文中に記されているように、その道中の「華座観」（第七観）において空中に住立する阿弥陀如来を拝することによって釈尊自身が救いを得ることができた、と記されている。韋提希が救いを得たのではなくて、それに先だって釈尊自身が救いを得ることができた、と記されていることに留意したい。その釈尊が救いを得ることができたことを、今の文中には「此の釈尊の一心帰命の信欲（信念）の前に、阿弥陀如来が住立出現し給ひた」と記されている。「釈尊の一心帰命の信欲（信念）の前」に住立出現した阿弥陀如来とは「提婆如来」である。釈尊の自覚においては「提婆達多」のうえに阿弥陀如来を拝見されたのである。これは釈尊ご自身の救済をこのように記されたのである。

釈尊自身が救済されたとは、これまた破天荒な見解であると思われるが、これもタスケテの如来がタスケラレテ（凡夫）となられた法蔵菩薩自らの救済をこう記されたのであった。法蔵菩薩（釈尊）は自らが救済されることを通して、法蔵菩薩（釈尊）自らが「仏」であることを自証されるのである。

一方、韋提希に眼をむけてみれば、タスケテの釈尊がタスケラレテの「凡夫としての釈尊」となり下って、自らが救済されることが法蔵菩薩の善巧《ぜんぎょう》方便の大悲であった。その法蔵菩薩の大悲によって韋提希は救いを得ることができたのである、と曽我量深は教える。韋提希が救いを得るとは、韋提希個人のみならず、自らが善人であると自認している凡夫のすべての救いを得ることである。

かくして釈尊は「定善」の「第七華座観」において阿弥陀如来を拝見して、次の「第八像観」においてはその阿弥陀如来を「衆生の心想中」といわれる心の最も深いところに実在されていることを感得して、ついに「第九真身観」においては釈尊自身が「大悲の如来」に摂取されていることを説かれている。そのことの詳細は割愛するが、これは『観経』の「凡夫としての釈尊」の求道の道行きにおいて、「定善」を実践された釈尊の行きつくところは、釈尊自身が「大悲の如来」に摂取されたことを記されたものである。

二、阿闍世の救い

一方、韋提希は釈尊（法蔵菩薩）の大悲によって「定善」の「第七華座観」において救いを得ることができたのであるが、これで「韋提希の救い」は完結したわけではない。なぜなら韋提希の子、阿闍世《あじゃせ》は依然として救済されていないからである。『観経』における阿闍世は、父を殺し、母までも殺そうとして幽閉しているではないか。我が子阿闍世の問題は母韋提希の問題である。阿闍世が救いを得ることができなかったならば、韋提希は真に救いを得ることができないのである。

ただ『観経』の文字のうえでは、韋提希は釈尊に一言も我が子「阿闍世の救い」を要求していない。沈黙のままである。しかし「維摩《ゆいま》の一黙、雷《らい》の如し」といわれるがごとく、沈黙している韋提希の心底を深く洞察された釈尊は、「阿闍世の救い」を賭《かけ》ものにして釈尊自身が求道されたのであった。それは「凡夫としての釈尊」の求道の第二段目の歩みであった。その記録が『観経』「散善」である。

曽我量深は『観経』「散善」について次のように記している。

韋提が不孝の子阿闍世を悪子と罵《ののし》りつゝ、またその恩愛を断ずることが出来ず、我子の教《きょう》唆者《さしゃ》提婆の一族たる釈尊をすらうらみ奉る深き愚痴は、宛然たる逆謗（五逆と誹謗正法《ひほうしょうぼう》）の衆生を遥に来迎し給ふ如来の大悲の面影である。観じ来れば『大経』に捨てられたる五逆・謗法、三毒・五悪は、『観経』に来りて悉く遍照の光明に照されて自然《じねん》にその光明に摂取せられ、悉く深き人情より涌き来れる自然の我の面影であつた。罪を人格より遊離すれば元より悪《にく》むべきものであらう、けれども罪と人とは本来一体である。故に『大経』には且《しばら》く人を離れたる逆謗を禁止し給ひたれども（「ただ五逆と正法を誹謗するものは除く」という第十八願の抑止門の意）、『観経』には今、眼前に泣き伏せる罪人韋提に対しては最早や人格を離れたる罪を論ずるの余地がないのである。此の経の対告衆は現に唯韋提等の女性である。而も彼女の念頭に須臾《しゅゆ》も離れぬ黒法師は阿闍世である、阿闍世の問題は則ち悲母韋提自己の問題である。されば散善九品は表面上、無問自開の（問う人無くして釈尊自らが説法された）仏説であるが、その実韋提の心中に潜める問に応じての開説である。かくて罪悪は人情の立場に来りては悉く至誠である。此れ人情を平等に摂取し来りて、此が上に大悲の仏心の宗教を建設するは我《わが》『観経』一部であつた。（「『観無量寿経』の三心を論ず」選集二―二〇七～二〇八頁）

『観経』の釈尊の第二段目の歩み、『観経』「散善」は、韋提希の要求を待たずに、釈尊が「韋提の心中に潜める問に応じて開説」された説法であった。その目的は、直接には韋提希の潜在の要求である「阿闍世の救い」にあるが、それは韋提希・阿闍世に代表される一切人類のうえに「大悲の仏心の宗教を建設する」ところにある。

『観経』「散善」の説法について次のように記している。

全体韋提の求むる所の道は苦悩多き人世に於て、静に平安の妙境を観想する主観的なる現在安住の道である。現在に於て如来及び安楽世界を云何に観見し得んや、とは彼(韋提希)の問題である。而して是の問題は正宗分《しょうしゅうぶん》の十六観法中、前の十三観に於て洩なく開示せられ終りた。特に「第七華座観」には弥陀如来親しく空中に住立して、自ら我は苦悩を除くの法なりと示し、「第九真身観」には此の住立空中の如来身を説示して、遂に仏心大悲を決定してある。韋提の志願は茲に全く満足せられたと云はねばならぬ。

然らば第十四観以後の三観、即ち三福九品の諸の散心の善行は誰の為に説く乎。善導大師は此を釈尊の自開(自らが説法す)とし、無問自説(問う人無くして釈尊自らが説法された経である)と決定し、此の無問自説と云ふことに依りて、寧ろ釈尊の精神は此の散善九品の段に在ると示し給ひた。而して『観経』の目的は正しく未来末法の我等に在ることを明にし給ひた。しかし乍《なが》ら我等は善導大師の御指南を受けて、一層深く味はねばならぬ。

静に想ふ、子の問題は即ち母の問題である、子の問題の外に母の問題はないのである。韋提夫人は口には自己の問題を世尊の御前に提出した。而も彼の真実究竟の問題、須臾《しゅゆ》も忘るゝことの出来ぬ問題は誠に悪子阿闍世の未来の問題である。極悪深重の我子、旃陀羅《せんだら》阿闍世の行先は云ふまでもなく阿鼻地獄である。此れ十方三世の諸仏にも捨てられたるのみならず、又弥陀の本願にも洩れて居るではない乎。弥陀の超世の大願には五逆と誹謗正法との二大重罪を除き給へるではない乎。苦しき哉也、我身は幸にして現身に住立空中の如来を拝し（第七華座観）、又仏心大悲に感泣して大歓喜を得たれども（第九真身観）、我子は今や炎々たる（地獄の）火坑に臨んで居るではない乎。則ち表に自己の現在の問題を提出したる彼は、裏には深く愛子の未来の問題に泣きつゝあるのである。阿闍世の問題は韋提の問題である。衆生の問題は正しく如来の究竟唯一の問題である。「維摩の一黙、雷の如し」と云ふが、韋提の潜在の請願は雷の如く教主世尊の御胸を震動したのである。是の意義に於て無問自説の散善九品は正しく有問の答説である。則ち散善九品は正《まさ》しく韋提の為に愛子阿闍世の未来の問題を解答し給ひたのである。

見よ『観経』下々品の「極重悪人」とは抑《そもそ》も何者であらふ。韋提は何と聞たであらふ乎。阿闍世は正にその人である。誠に彼（阿闍世）には息慮凝心《そくりょぎょうしん》の定善もなく、廃悪修善《はいあくしゅぜん》の散善もない。世尊が上々品より中下品までを説き給へる時、彼（韋提希）の胸中の不安は依然として居つたであらふ。下上品には十悪の者を救ひ、下中品には破戒の者を済ひ給ふと聞ても、彼《かの》阿闍世の問題は依然として居るではない乎。唯世尊の説法は今や唯一節を余すばかりである。下々品とは抑も何人である。「五逆十悪、具諸不善（不善業たる五逆・十悪を作る。もろもろの不善を具せるかくのごときの愚人）」、此れ正しく我子阿闍世の現実である。而も臨終の十声の念仏に依りて永く生死の苦を免《まぬが》ると聞きし彼の驚き悦びは云何ばかりなりしぞや。

善導大師は正宗《しょうしゅう》十六観の結文なる「得益《とくやく》」の一段を以て、正しく「第七華座観」に住立空中の如来を拝したる利益として「廓然大悟、得無生忍（廓然として大悟し、無生忍を得る）」の利益《りやく》を得たと釈決《しゃっけつ》せられたれども、私は更に下々品の説法に依りて我が子の問題を解決し、茲《ここ》に真実に究竟の無上忍を得たのであると思ふ次第である。かく云へばとて決して善導大師に満足せぬのではなく、寧ろ大師の御導に依りてかく感ずることである。

（「空中の仏、地上の仏、心中の仏」選集二―二七五～二七七頁）

韋提希は表面的には、自己の現在の苦悩を除く法を釈尊に求めたのであるが、その背後には夫、頻婆娑羅王を殺し、自己を牢獄に幽閉した我が子の未来の問題に泣きつつあったのである。韋提希はその「阿闍世の救い」を願わざるを得ないのである。「阿闍世の救い」は「韋提希の救い」である。しかし更にいえば、阿闍世・韋提希の救いは、即ち一切衆生を救済せねばならぬ如来の究竟唯一の問題である。衆生の救済なくして如来の自証はないからである。韋提の苦悩を除かずして釈尊は悟りの境地に住することはできないからである。

韋提の呪詛《じゅそ》の背後に感じられる韋提の潜在の請願が教主世尊の御胸を揺り動かし、釈尊の自覚を促したのである。かくて韋提希が要求もしない散善九品の教えが「阿闍世の救い」として説かれた。散善九品、とくに最後の「下下品」において、まず「極重悪人」なる釈尊自身の自覚が説かれ、その「極重悪人」なる釈尊自身が救われたことが「阿闍世の救い」を自証するのである。すなわち「散善」の道を歩む釈尊は、「上品上生」から次第に自覚を深めて、九品《くぼん》（九段階）の道程を歩まれるのである。そしてその最後の到達したところ、釈尊の自覚の最も極まったところを「下下品」と説かれている。「下下品」とは釈尊が「極重悪人」であることを自覚されたところである。

ここでも阿闍世が極重悪人を自覚したのではない、阿闍世に先だって釈尊ご自身が「極重悪人」を自覚されたのであったことに留意したい。このようにいえば、これまた破天荒に聞こえるが、それは前にも記したように、タスケテの釈尊が「阿闍世」を浄玻璃鏡として、タスケラレテとしての「極重悪人」であることを自覚されたものである。曽我量深は、「極重悪人」の自覚の第一人者は釈尊であるという。それはそのままが法蔵菩薩の善巧方便の大悲であった。阿闍世はその法蔵菩薩の大悲によって、阿闍世の自覚が深まって、救いを得ることができたのであった。

その「阿闍世の救い」について、「法」の面から「阿闍世の救い」を説くのが『涅槃経』の月《がつ》愛三昧《あいざんまい》の釈尊である。が、今はそのことは割愛するとして、「機」の面から「阿闍世の救い」を説くのが『観経』「散善」の教えである。従来より『観経』は「機の真実」を説く経典であるといわれているが、それは、『観経』の釈尊は「極重悪人」の自覚の第一人者であるがゆえに、釈尊（法蔵菩薩）の「機の真実」を説くのが『観経』である。

『観経』「下下品」は次のように説かれている。これは釈尊が阿闍世のうえにご自身の姿を見出された光景である。それは釈尊の自覚が最も極まった光景であるといえる。

「下品下生」というは、あるいは衆生ありて、不善業《ふぜんごう》たる五逆・十悪を作る、もろもろの不善を具《ぐ》せるかくのごときの愚人、悪業をもってのゆえに悪道に堕《だ》すべし。多劫《たこう》を経歴《きょうりゃく》して、苦を受くること窮《きわ》まりなからん。かくのごときの愚人、命終《みょうじゅう》の時に臨みて、善知識の、種種に安慰《あんい》して、ために妙法を説き、教えて念仏せしむるに遇《あ》わん。（『真宗聖典』一二〇頁）

はじめに「衆生ありて、不善業たる五逆・十悪を作る。もろもろの不善を具せるかくのごときの愚人」と説かれているが、この「愚人」とは具体的には阿闍世である。が、同時に釈尊の自覚でもある。「かくのごときの愚人、悪業をもってのゆえに悪道に堕すべし。多劫を経歴して、苦を受くること窮まりなからん。かくのごときの愚人、命終の時に臨みて……」、「命終の時」とは「命が終る時」と書くが、それは肉体の命ではなくて、「自力の命が終る時」である。釈尊の自力の命が終る時、その「命終の時に臨みて、善知識の、種種に安慰して、ために妙法を説き、教えて念仏せしむるに遇わん」と説かれている。つまり釈尊の自力の「命終の時に善知識に遇った」と説かれている。ここが「下品下生」の説法の中心である。

では釈尊が「下品下生」で出遇った善知識とは誰のことか。それは「阿闍世」であるといわなければならない。なぜならば、釈尊の自覚からいえば、釈尊に「極重の悪人」と目覚めさせて、釈尊を求道せしめているのは「阿闍世」だからである。ただしこれは重言するが、釈尊の自覚においてである。

結局、『観経』「散善」の道を歩む釈尊は、「下品下生」に至って、「命終の時に臨みて、善知識に遇う」(取意)ことによって、釈尊ご自身が救いを得ることができたのである。こういう釈尊の告白が「下品下生」の説法の大事なところである。

結句、『観経』の「序分」において、釈尊は「韋提希」の恨みの言葉を浄玻璃鏡として求道し、「定善」において釈尊は「提婆達多」のうえに阿弥陀如来を拝して釈尊自身が救済されたのであった。そして「散善」の「下下品」において釈尊は、命終の時に(自力の心の究極において)「阿闍世」という善知識を見出して、釈尊ご自身が救済されたのであった。詮ずるところ、韋提希・

提婆達多・阿闍世の三人が釈尊を歩ませていることになる。また釈尊が救済されなければ韋提希・提婆達多・阿闍世の三人の救済はないのである。

再び『観経』「下々品」についてである。

古聖の経典は、皆彼等が厳粛なる浄玻璃鏡の前に立て、自己を観照せる真実の記述である。更に進んで云へば、経典其者が、已に古賢の前に厳然として現はれたる浄玻璃鏡である。我々は此を以て普通の学問上の著書と同一視することは大なる間違である。我々は此が前に立つ時、尊厳なる浄玻璃の前に立つの念がなくてはならぬ。此の念を以て経典に向ふ時、瞭然たる自己は、此の経典の文字の上に現ずるであらう。（中略）

『観経』を読んで、道綽、善導、法然、親鸞の諸聖は自ら下品下生の五逆十悪の悪人なるを自覚し給ひた。我の卑見を以てすれば、『観経』の対衆たる王后韋提は、恐く下品下生の悪人をば、自己に向つて「我《が》母《も》是《ぜ》賊《どく》（我が母はこれ賊なり、賊と伴たり）」と怒りつゝ、利剣を以て迫りたる不孝の子阿闍世と観じ、此の経文をば、此悪しき愛児の救済を証明する経文に見たであらう。而して此の悪子あればこそ、正しく悪人正機の如来の大悲の願心と願力とを反証することとなつたことに就て、（上品下生と自任する韋提希は、善人の故に下品の自覚がないので）親しく悪子阿闍世の上に上品下生の、善知識の面影を拝して感謝に堪へざりしことであらう。又悪子阿闍世もかゝる慈母無底の大悲に照されて、初めて正道《しょうどう》に入るや、母を殺さんと欲せし利劔は反て母に永久の生命を得せしむる機会となり、如来無蓋《むがい》の大悲と慈母の無底の大悲とに依りて、今の自己の幸福を得るに至りしを想ひ、（釈尊の大悲によって「下下品」の自覚を得ることができた阿闍世は）母后の上に正しく下品下生の善知識の面影を見たであらう。真実に『観経』を読むものは、自ら下品下生の悪人と観ぜねばならぬ。

（「浄玻璃鏡上の釈尊としての『観経』下々品」選集二―二八一～二八二頁）

『観経』の下々品の「極重悪人」は、韋提にとっては我が子阿闍世その人であった。その阿闍世が救われねば韋提自身の救いは成就しないのである。

定善もなく散善もない、下々品の「五逆十悪、具諸不善（不善業たる五逆・十悪を作る。もろもろの不善を具せるかくのごときの愚人）」、此れが正しく我が子阿闍世の現実である。韋提希は臨終の十声の念仏に依つて永く生死の苦を免れると聞き、下々品の説法によってのみ我子の救済されることを信じ得たのである。

「阿闍世の救い」により、韋提は悪人救済の如来の大悲を逆説的に反証し、我が子阿闍世を善知識と感じ、一方阿闍世はまた、母韋提を善知識と拝むことができたのである。『観経』は正しく下下品の悪人と自覚するものの救済を説く経である。

三、『法華経』と『阿含経』と『観経』

以上は『観経』の釈尊について、韋提希の要求に応じて「定善」を実践する釈尊と、もう一段は韋提希の潜在の要求に応じて無問自開された「散善」の釈尊について考えてきた。そして「定善」の道を歩む釈尊は「第七華座観」において、まず釈尊自身が救済されたのであった。それで韋提希の意識上の要求は完全に満たされたけれども、韋提希の究極の救いである「阿闍世の救い」は依然として未解決のままであった。それ故に釈尊は韋提希の潜在の要求に応じて「阿闍世の救い」を我が問題として求道されたのであった。その歩まれた道行きが「散善」である。

このように『観経』は「定善」「散善」の二段階に説かれるのである。では『観経』の「定善」「散善」とは何か——ということを最後に考えてみることにしたい。曽我量深は『観経』の「定善」「散善」を、『法華経』（大乗仏教）と『阿含経』（小乗仏教）との関係に位置づけて教えているのである。

智慧の釈尊を顕はせる『法華経』と、意志の釈尊を顕はせる『阿含経』とは人々の容易に認むる所である。独り自ら罪悪深重を信知せる釈尊に就ては、恐らくは世の人の認めざる所であらう。善導、源空、親鸞の諸師は勿論、曇鸞、道綽、源信の諸師が、皆等しく自己を下品下生の極悪人の地位に置て『観経』を読誦せられたことは疑ふべからざる事実であるが、独り『観経』の開演者釈尊が、今何ぞ爾《しか》らんや、とは一般の人々の意見であらう。

然し『歎異鈔』第二章の意《こころ》を按ずるに、釈尊は下々品の極重悪人の自覚者の第一位であるとするが親鸞聖人の御意である。何となれば、釈尊は、真実なる下々品の人（阿闍世）の前に立ち給へる善知識にして、真の善知識は直に自己の実験の道を説き給ふべきが故である。

然らば是れ大なる疑問でなければならぬ。智目行足円満して、人文史上の精華たる釈尊が、何故に極重悪人の自信を有し給へる乎《か》。『阿含』の釈尊と『法華』の釈尊との間にすら、大なる矛盾を感じて、大乗非仏説を主張しかねまじき此の世界に於て、特に罪悪の釈尊を『観経』の上に証明せんとす。此れ至難の事に類する。而も此なくしては、啻《ただ》に『観無量寿経』を解《げ》する能《あた》はざるのみならず、真の釈尊を解するを得ないのである。もし此の事実を否定せば、徒に知と行との高き潔き男性的釈尊が、何故に罪業と苦悩とに泣く所の人類に対して、正《まさ》しく臨終の善知識として、深厚なる同情者となり給ふべき乎、正しく罪の実験なきものが、云何にして衷心より罪の人を悲憐し得べき乎、は至深の問題ではない乎。則ち『観経』には、啻に韋提希夫人が「実業の凡夫」として現はる、のみならず、教主釈尊も亦「実業の凡夫」として（前の資料には「一箇の凡人にすぎず」と記されていることと同じ）、韋提希の号泣の語《ことば》の中に示されてある。此れ此の経が他の一切の経典と全く類を異にする所である。

（「浄玻璃鏡上の釈尊としての『観経』下々品」選集二―二八四～二八五頁）

今の文中、「智慧の釈尊を顕はせる『法華経』」とは、大乗仏教全体を代表して『法華経』と記されたのである。それに対して『阿含経』とは、あらゆる小乗仏教を代表して『阿含経』と記されたのである。

今の文中において曽我量深は、「智目行足円満して、人文史上の精華たる釈尊が、何故に（『観経』において）極重悪人の自信を有し給へる乎」と疑問を出している。「智目」とは大乗仏教を実践する釈尊をいい、「行足」とは小乗仏教の戒律など生活訓を実践する釈尊をいわれたものであるが、そのような「知と行との高き潔き男性的釈尊が、（『観経』において）何故に罪業と苦悩とに泣く所の人類に対して、正《まさ》しく臨終の善知識として、深厚なる同情者となり給ふべき乎、正しく罪の実験なきものが、云何にして（『観経』において）衷心より罪の人を悲憐し得べき乎」と問うている。そして、ここがわからなければ「啻《ただ》に『観無量寿経』を解《げ》する能《あた》はざるのみならず、真の釈尊を解するを得ないのである」という。これは問題提起である。

このことを考えてみるに、『観経』は「王舎城の悲劇」が契機となって説かれた経である。それはすなわち「韋提希の救い」および「阿闍世の救い」を説く「時」が到来したのである。それは韋提希および阿闍世に代表される一切人類が救済される機縁が熟してきたのである。そこを『教行信証』には「しかればすなわち、浄邦縁熟して、調達、闍世をして逆害を興ぜしむ」（総序）と記されたのだろう。その「時」が到来したことを感得された釈尊が、説かれた経典が『観経』であった。

そして韋提希を縁として説かれたのが『観経』「定善」の説法であり、阿闍世を縁として説かれたのが「散善」の説法であった。

その『観経』の「定善」「散善」について、曽我量深は次のように記している。

> 『観経』の正宗分は、一切の善と云ふ善を悉く網羅して、此を浄土往生の善根とするものである。就中《なかんずく》、大乗仏教の特に尊重する仏身観想の「定善」あり、或は小乗仏教の深く敬崇する三帰依、具足等の諸戒（戒福）あり、或は孝養父母《ぶも》、奉持師長《ぶじしちょう》、慈心不殺（世福）の人道あり、此の外、初歩的大乗行者が定善に入る方便として、発菩提心、深信因果等の諸の散行（行福などの「散善」の行）あり。かくて道俗一切の善を、そのまゝ活用し来りて往生浄土の善根と決定し、深く此を勧励す。観想（定善）を説くこと『法華』の如く深からず、戒行（散善）を説くこと『阿含』の如く精《くわ》しからずと雖も、而も彼二経（『法華経』と『阿含経』）の要《かなめ》は、悉く此の一経（『観経』の「定善」「散善」）に提帰して余蘊なし。誠に『観経』は小なる一代経であるとは此の謂である。
>
> （「浄玻璃鏡上の釈尊としての『観経』下々品」選集二―二八五頁）

『観経』正宗分（定善・散善の説法）は高遠なる智慧（定善）と厳粛なる戒行（散善）とに依りて、自己を実現せんとする釈尊の生涯を示されたのである。曽我量深は、その『観経』の「定善」十三観は正しく韋提の請《こい》に応じて内観冥想の要路を説かれたものであるが、その「定善」とは『法華経』に代表されるすべての大乗経典を略説したものである、と教える。また「散善」九品は遥かに未来の衆生の為に廃悪修善の法を説かれたものであるが、それらの「散善」は『阿含経』に代表されるあらゆる小乗経典の要を総括するものである、と教える。したがって「定善」「散善」は、ともに釈尊が一代仏教のあらゆる善といわれるすべての善を網羅した、自力の行を歩まれた道行きであるといえる。

前にも記すごとく、小乗仏教の『阿含』に於て力の釈尊を見、次で大乗仏教の『法華』に於て智慧の釈尊を見るのであるが、『阿含』『法華』両経の示す所は相矛盾するように見える。しかし一は絶大の能力者とし、一は無限の智慧者として、共に絶大の偉人（前の資料では「超人」という）とすることにおいて両者は共通しているのである。

『観経』は、その『法華経』に代表される大乗仏教や『阿含経』に代表される小乗仏教の要義を、「定善」「散善」の二善に摂し来って説かれたものであるから、『観経』は「小なる一代経である」といわれるのである。その意味で正《まさ》しく『観経』の「定善」「散善」は、大乗・小乗の一代経の略経ということができる。

しかも釈尊は「定善」「散善」の十六観は名を化他に仮りて説かれたもの（「定善」は韋提希の救済、「散善」は阿闍世の救済のために説かれたもの）であるが、実は釈尊の自行の表白である、と曽我量深は教える。

かくのごとく自力を尽くして「定善」「散善」の道行きを歩んだ釈尊は、自力の行に行き詰まって、その極限において深く自己の無智と無力の実相を証し、その結果、はからずも如来の大悲の願心と易行の念仏とを開顕したのである。そのことを次のように記されている。

大乗仏教徒は、徒らに釈尊の理想界の高遠を讃仰して、久遠実成の法身如来となし、遂に此が潜在的意義なる釈尊の深痛なる絶対無智の胸底を知らず、又小乗仏教徒は偏に世尊の実行の厳粛なるに驚嘆して、その福徳を仰ぎ、遂にその反証する所の此の無能力と罪悪との痛切なる彼の衷心の事実に到達せず、世尊の深く悲泣傷歎し給ふ所、是に在る。しかるに智慧の至極は愚にかへるに在り、道徳の至極は悪にかへるに在る。大悲の如来を念じて、易行の称名を行ずるは、智と行の至極でなければならぬ。則ち此『観経』一部は、大小二乗の精華ををさめ来りて、一代仏教の帰する所を明かにし、又釈尊の人格の裡に隠れたる信念を人格に依りて反証反顕するものである。大小二乗の区別も唯純正に教主の信念に依りて、円満に統一せらるる。

（「浄玻璃鏡上の釈尊としての『観経』下々品」選集二―二八七頁）

「定善」十三観は釈尊の冥想内観の生活を顕すものである。彼は深く智を求めるの極、かえって自己の絶対の無智に到達して仏心大悲を感得した。仏心大悲を感得したことは、釈尊が大乗仏教の冥想内観（定善）を極めた結果、はからずも親証反顕される所である。また「散善」九品は正しく散行を主として厳粛清浄の生活の実現に努力した結果、反て深く無力と罪悪の自信に到達するところである。

今の文中、「深痛なる絶対無智の胸底」といわれ、あるいは「無能力と罪悪との痛切なる彼の衷心の事実」とは、大乗仏教、小乗仏教の道行きを真摯に実践された結果をこのように述べられたものであるが、その釈尊とは、タスケテの釈尊がタスケラレテの釈尊となられたのである。それはタスケテの釈尊の行き詰まりに当面されて反顕されたところがタスケラレテの釈尊である。その釈尊をこのように記されたものだろう。すなわち「定善」において智慧を求められて、その結果行きつくところが「深痛なる絶対無智」であった。更に「散善」において廃悪修善を実行されて、行きつくところが「無能力と罪悪」の自覚であったことを記されたものである。「深痛なる絶対無智」と「無能力と罪悪」の自覚は、自力の無効なることに当面されたところで、その時に初めて、大乗・小乗仏教の「巨人」であった釈尊が、「一箇の凡人」であることを自覚して、他力の信者となられた。その「一箇の凡人」となられた釈尊、「他力の信者となられた」釈尊とは、『観経』の釈尊である。それはそのまま「法蔵菩薩としての釈尊」をこのように記されたものである。その「法蔵菩薩としての釈尊」を次のように記している。

誠に反対相顕は人生の不可思議である。世に最も智慧深く、又最も智慧を求むるに熱心なる釈尊は、最も深く無智の自覚を生み、依りて大悲の如来を実証し給ひ、又最も行徳高く又善を求むる事痛切なる釈尊は、最も切なる無能罪悪の自覚を生み、依りて易行の称名を実証し給ひた。大悲の如来は、その無智の自覚より湧出し、易行の称名は、その無能の自覚より湧出し給ひた。大悲の如来と、易行の称名とは、智目行足に就て、精進努力し給へる釈尊の不可思議の産物である。恐くは彼の如き智行の人でなければ、彼の如き無智と無力とを自覚することが出来ぬ。随てかゝる重大なる産物は、世界中に於て、唯彼一人、初めて産み出し給ひたのである。

則ち知るべし、『法華』の秘奥は、大悲の弥陀如来である、『阿含』の密義は、易行の称名なることを。是二経は、一（『法華経』）は専ら理想の人としての釈尊を顕はさんとし、又他の一（『阿含経』）は、専ら実行の人としての釈尊を顕はさんとし、相互に天地の懸隔あるが如しと雖も、その相違は唯その表面に止まり、深く其文底に潜在する意義を洞察せば、二経全く一致し、相合して大悲の仏心と易行の念仏とを建設すること、何たる不可思議の現象ぞや。

（「浄玻璃鏡上の釈尊としての『観経』下々品」選集二―二八六〜二八七頁）

誠に反対相顕は人生の不可思議である。世に最も智慧深く、又最も智慧を求むるに熱心なる釈尊は、最も深く無智の自覚を生み、依りて大悲の如来を実証し給ひ、又最も行徳高く又善を求むる事痛切なる釈尊は、最も切なる無能と罪悪の自覚を生み、依りて易行の称名を実証し給ひた。「無智の自覚」といい「無能罪悪の自覚」とは、タスケラレテとなられた釈尊、すなわち法蔵菩薩としての釈尊である。

大悲の如来はその「無智の自覚」より湧出し、易行の称名はその「無能の自覚」より涌出し給ひた。大悲の如来と、易行の称名とは、智目と行足について、精進努力したまえる釈尊の不可思議の産物である。

『観経』の面目は釈尊の自力的生活の極みにおいて、他力の信者であることを証明し、又彼が云何にして他力信心を開発し給へるかの道程を明かにするのほかはない。

この釈尊の「実業の凡夫」の自覚が、「大闇黒の仏心を観よ」の論稿によく示されている。そのことは章を改めて考えることにする。

第七章　如来の本願は闇黒の御胸より涌き出る

一、千歳の闇室

第六章において『観経』の釈尊は「凡夫としての釈尊」が説かれていることを読んできたが、「凡夫としての釈尊」とは、タスケテの仏さまがタスケラレテとなられた釈尊で、それは法蔵菩薩という仏さまを記されたのであった。その法蔵菩薩としての釈尊が、次に読む「大闇黒の仏心を観よ」の論稿においてよく示されているので、章を改めて「大闇黒の仏心を観よ」を中心に、法蔵菩薩としての釈尊を考えていきたいと思う。

我等の胸裡は千歳の闇室である。然り而して此を光々たる千歳の明堂なる先賢に対比することに依りて、我は孤独地獄に在るの感がある。唯夫れ我等は幾度か先賢の教典を披閲した。而して我は遂に光々たるが如きそれ等の御胸も亦千歳の闇室たることに於て、我と同一なりしことを伺ふを得た。記《しる》せよ、曇鸞大師は彼自らの胸中を「千歳の闇室」と告白し、道綽大師は彼自らの心中を「暴風駛雨《ぼうふうしう》」と表白し給ひた。特に我等は浄土教史上の最高の光明的偈讃なる天親菩薩の『願生偈』の文底に無底の悲痛を見、又最も簡明に本願念仏を表明せる法然聖人の『選択集』の文裏にも千歳の闇室を見る。

我は是を発見することに依りて、初めて我が千歳の闇室は唯一瞬の光明に依りて忽ち千歳の光室に変じたるの想がある。

（「大闇黒の仏心を観よ」選集二―三〇二頁）

我われは「先賢」といわれる七高僧、たとえば曇鸞大師、道綽禅師、天親菩薩、そして法然上人は皆、如来を実証して常に光明の広海に浮かみたまいた先達であったが、しかしそれら先達は皆、その裏面に我われと同じく「千歳の闇室」を深く親証されたのであった。「千歳の闇室」とは我執である。曇鸞大師は胸裡の我執の深きことを観じて「千歳の闇室」といわれたのであった。また道綽禅師は自らの心中の造罪（我執）の激しき様を「暴風駛雨」と記された。天親菩薩も『浄土論』を著《あらわ》して、悉く光明讃嘆の文字をもって尽十方無礙光如来に帰命する自らの信念を述べているが、その裏面には自己の我執の痛傷の懺悔《さんげ》がある。それは天親菩薩自らの深き胸裡に我執深き自己を見出された懺悔であった。そしてその懺悔録が彼の著『唯識三十頌《じゅ》』であると曽我量深は教えている。また法然上人も、自己の信念を著した『選択集』の文裏は「千歳の闇室」であったと記されている。それが『選択集』の「三心章」であるが、そのことは次に考えていくことにする。

これら光に輝く先賢の「千歳の明堂」の、その裏面は「千歳の闇室」であった。これら先賢は深く自らの罪悪を懺悔して、一念発起《ほっき》する唯一瞬間の光が「千歳の闇室」を照し、光は瞬間であるが、千年の闇はたちまちに滅し「千歳の光室」となったことを体験されたのであった。ただし如来の光明は瞬時の閃光に過ぎない。次の刹那にはもとの闇黒である。如来は一瞬間の電光である。

そのことを曽我量深は法然上人のうえに見出して、次のように記している。

師（法然上人）の念仏の声は一面には如来の本願力を証顕すると共に、自己の我見我執の力を証明した。則ち自力妄執を破壊せんと欲するが為に、次第に増加励唱せし日課七万遍の念仏は、一面には反て自力我見を顕現する所の日課七万遍であつた。則ち彼の念仏を以て報恩の念仏と見ること勿れ、又単なる願力証明の念仏と見る勿れ。深く反省すれば彼の日課七万遍は世に最強なる自力我執を証顕する念仏であつた。世に師ほど自力廃捨に勤めた人はない。而も又師程自力を実現せられた人はない。此れ則ち師の念仏の声が、常に矛盾を観照するの深き痛苦と、及び此矛盾を離脱せんとするの強き激励とを包含して、絶体絶命の響を伝へし所以である。されば彼の念仏には勿論感謝もあつた。而も一層慚愧懺悔の念仏であつた。

然るに幸乎不幸乎、法然聖人の胸裡に於て、声々に益々強烈なる自力我執を反顕して、悲痛に堪へざりし所の彼の念仏は、奇なる哉、門下の人々の上には高潔なる人格として現はれたることである。則ち師が内に闇黒を感ずること深ければ深い程、外には光明を放つこと愈々盛明であつた。門下の人々は徒に師の外面なる光輝に驚嘆して、能く深く師の内的苦闘の闇黒に到達し、同情を捧ぐるを得なかつた。恰も蝋燭の光明が外に放つ光度の大なるに逆比例して、中心の闇黒が深大なるが如く、法然聖人の観たる法然聖人は則ち大なる蝋燭であつた。我等は深く師の衷心の悲しき秘密に同情せざるを得ない。

而して此秘奥（闇黒）の点に想ひ至らぬ間は、念仏為本の教も、念仏選択の本願も、法然聖人の人格の光輝も、全く解することが出来ぬ。而して一度此秘奥に触るゝ時、法然の如き宗教的天才と同じく、我々亦同一信心に安住するを得（「『歎異抄』「後序」の「源空が信心も、如来よりたまわりたる信心なり。善信房の信心も如来よりたまわらせたまいたる信心なり。されば、ただひとつなり」に同じ）、彼の秘奥なる念仏為本の教も深く領解するを得ん。かくして門下諸師に於て全く法然聖人の独占たりし専修念仏の教を一たび人に開顕し、法然聖人と我々凡人とを親しく握手せしめ下されたが親鸞聖人であつた。

（「大闇黒の仏心を観よ」選集二―三〇八頁～三〇九頁）

これは「千歳の明堂」の法然上人の裏面は「千歳の闇室」であったことを記されたものである。それは法然上人の内面の我見我執の力の強きを観照（自覚）する深き苦痛と、その我見我執を離脱せんとする闘いであった。それは「恰も蝋燭の光明が外に放つ光度の大なるに逆比例して、中心の闇黒が深大なるが如」きであった。

然るに法然の門弟たちは、師法然上人という大いなる蝋燭の光明のごとき人格に幻惑されて、その蝋燭の内面なる「千歳の闇室」の闇黒を見ることができなかったのである。蝋燭の内面の大闇黒とは師法然上人の内面の自力我執の苦闘を象徴するものである。法然門下の人びとは法然上人が自己の内面の自力我執の闇黒と苦闘されたことを知らなかった。ただ法然門下の中にあって、ただ一人親鸞聖人のみが師法然上人の大闇黒を見出して、それが『選択集』の「三心章」に記されていることを知られたのである。

『選択集』は正しく法然聖人の如是相である。随てその文字に於ても亦光明的表面と闇黒的裏面とを有する。

彼は先づ「教相章」に於て浄土宗の独立を主張し、次に「二行章」に於て念仏と諸善とを廃立して専修念仏を主張し、次に「本願章」に於て念仏為本の淵源を如来の本願に求めた。此に於て専修念仏は正に成立し終りた。余は余論である。恰《あたか》も「教相章」は玄関の如く、「二行章」は応接室の如く、「本願章」は上段の間の如くである。三章、共に威厳堂々として一点の塵埃《じんあい》も見ない。（中略）

されば前三章中第三の「本願章」を以て本領とすべきは明かである。自己の念仏の声をたどりて直に本願の実在を証明するが『選択集』である。されども「本願章」を至極とする所の前三章は要するに『選択集』の光明的表面に過ぎぬ。我々は更に根本問題を有する。（中略）『選択集』の「三心章」は此れ『選択集』の秘密的闇黒面である。而して多くの人々の発見し得ざる秘密であつた。誠に公開的秘密である。猫の前には黄金は秘密である。疑の人には仏力は秘密である。光明に酔へる者には闇黒は秘密である。真に光を見る者は真に闇黒を見る。闇は闇の裡に存せずして光の裡に在り、光は光の裡に存せずして闇の裡に在り。我は徒に電燈の光々たるを驚嘆せず、何となれば已に闇夜の甚だ深きを悲

『選択集』

第一、教相章——浄土宗の独立を宣言——玄関
第二、二行章——念仏の一行を宣言す——応接室
第三、本願章——如来の本願力を開顕——上段の間
……………………
第八、三心章——法然聖人の霊の内房——内房

むからである。我は徒に電燈の明を失ひ行くを悲憂せず、何となれば已に世界の夜の去りたるを証知するからである。

惟ふに『選択集』の「三心章」は前に「本願章」を以て上段の客殿となすに比すれば、是は正に一家の内房である、食堂である。已に「教相章」の玄関や「二行章」の応接室は古けれども、反て旧き家の歴史を証明し、整然たる家憲を忍ばしむるに足る。進んで「本願章」の客殿に入れば此は新に建てられて目もまばゆく、今や家運頓《とみ》にあがれるを証明する。誠に清華相待て正に理想的建築である。

されど若し全家が唯是だけならば云何。家は他客の為にのみ存するに非ず、人には秘密あり、台所なければ身命を保つに足らず、内房なければ労を慰むるに足らず、人は終日正坐すべからず、家族なかるべからず、小児は泣く所がなければならぬ。妻は欠《あくび》をする所なければならぬ、是れが則ち内房の必要なる所以にして『選択集』「三心章」は正しく法然聖人の霊の内房に外ならぬ。我は「本願章」に於て正坐の法然聖人を見、「三心章」に於て横臥、裸体、飲食、談笑等の法然聖人を見る。「本願章」に於て堂々たる聖者なりし彼は、「三心章」に於ては亦碌々たる凡人に過ぎぬ。

（「大闇黒の仏心を観よ」選集二―三一〇頁～三一二頁）

『選択集』の表面は光明の文字で記されているが、その裏面は大闇黒であった。『選択集』の表面の光明で記されたところは、「教相章」「二行章」「本願章」である。一家屋に喩えれば、「教相章」は浄土宗の独立を宣言することを記した表玄関であり、「二行章」は諸善を廃して専ら念仏の一行を立てる応接室にあたり、「本願章」は如来の本願力を開顕するところであるから法然上人の真面目である。家屋に喩えれば上段の間に当たる。

それに対して「三心章」は「本願章」の正殿の裏にある内房である。内房とは法然上人が自らの自力我執を見出して、自らの我執と苦闘しておられることを記したところである。そのことを記したものが『選択集』「三心章」である。親鸞聖人は内房におられる法然上人の闇黒に触れたのであった。

ただし法然上人の霊の内房（闇黒）とは、凡夫であることを自覚された法然上人を喩えられたものであるが、「碌々たる凡人」という法然上人の自覚は、そのもとは『観経』の釈尊の自覚を源泉として、善導大師をとおして法然上人に流れ来たった霊覚（自覚）である。

曽我量深はまず『観経』の釈尊の自覚について次のように記している。

> 蓋《けだ》し『観無量寿経』は内房に於て特に王后の為に開演せられたるものにして、若《も》し『阿含経』を以て釈尊の宮殿の玄関とすれば、『般若』はその応接室に当り、『法華経』は客殿とな

すべく、此に対して『観経』は彼の内房である。自力の人は『阿含』『般若』を経て『法華』の客殿に入りて、その堂々たる相に驚くものである。何ぞ知らん釈尊にも内房がある。此内房は正に深宮に於て王后の為に開演せられた。内房的釈尊を曝露するが浄土の『観経』である。道徳と智慧とを忘れ、悪と愚とにかへり、南無阿弥陀仏の名号に依りて大悲の仏心を念ずるの止むなきことを開顕し給ひたが『観経』である。冥想的定善の浄玻璃鏡に向ふ時には深く自己の無知を見るべく、修善的散善の浄玻璃鏡に向ふ時には深く自己の無力を見ることを得る。此二大浄玻璃鏡を開いて、遂に仏心大悲と易行称名に到達したる歴史は悉く『観経』一部に現はれてある。

（「大闇黒の仏心を観よ」選集二一—三一二頁）

これは『観経』は釈尊の霊的内房である大闇黒を説く経であることを記されたものである。その『観経』の釈尊は「凡人としての釈尊」の自覚を記されたものであるが、そのことはすでに第六章「『観経』は凡夫としての釈尊の実録」において読んできたところであるから、今は閣《さしお》くことにする。

この釈尊の霊的内房の大闇黒に触れたのが善導大師であった。彼はその記録を、彼の著『観経疏』の「三心釈」に記している。「三心釈」の三心とは『観経』の「至誠心」「深心」「廻向発願心」

の三心であるが、その内容については今は触れないことにする。
その善導大師の注釈した「三心釈」について、曽我量深は次のように記している。

此に依りて善導大師は、亦此釈尊の霊的内儀（内房）に触れて、『観経』一部の精要なる三心の解釈に於て、彼自の秘密を隈なく開顕し給ひた。誠に『散善義』の三心釈一段の文字は善導の釈文中の精華なるのみならず、宗教的文字中最も深痛なるものである。

而して此一段の文字は彼の文章中最も意義多含にして又最も理解し難き難文字である。親鸞聖人の『愚禿鈔』に於て判文釈文に云何につとめられたかを見るに就ても云何に難解の文字なるかを知り得る。文字幽玄、文段複雑、或は標なくして結あるあり、或は唯標にして結なきあり、或は標結共に欠けて何を意味するや明ならざるあり。而も此所に特に意義深きを顕はし、大師衷心の云何に複雑、混乱、闇黒苦悩に充ちたりしやを反彰する。

惟ふに大師の『観経義』は正しく敵を当代の人師に置くものなれども、今此三心釈に来りては、最大の敵の全く自己なること（自力我執の心）を示されて居る。則ち三心釈の一段は正しく師が自己の複雑なる現実の暴風駛雨を告白して深く懺悔《さんげ》し激励し給ふ文字である。則ち一面より見れば自ら激励する文字であり、又他面より見れば懺悔悲痛の文字である。惟ふに懺悔は発して激励となり、激励その極に達すれば自絶となる。懺悔、激励、自絶が重々に相反相成するが三心釈である。

至誠心の釈には内愚外賢の虚偽《こぎ》を誡めて内賢外愚を勧む。而もしかく自勧せざるべからざるは自己の現実ではない乎。深心釈には、四重の破人《はにん》に対して金剛不壊《ふえ》の自心を建立すべきを自励して在る。而も四重の破人は正に自己の影に過ぎぬとすれば遂に自絶懺悔あるばかりである。

（「大闇黒の仏心を観よ」選集二―三一二～三一三頁）

善導大師の『観経疏』は「正しく敵を当代の人師に置」いて書かれたものであるが、「当代の人師」とは、たとえば浄影寺慧遠《じょうようじえおん》法師や天台大師などの自力聖道門の諸師のことで、『観経』を聖道門の立場から読んだ人師ということである。これらの諸師は自ら聖者であることを自任するものであるが、これら「当代の人師」は『観経』の釈尊の光明的表面を見て闇黒的裏面を見ることができなかった。善導大師はそれら「当代の人師」を敵に「置くものなれども、今此三心釈に来りては、最大の敵の全く自己なることを示されて居る」、すなわち善導大師が『観経』の三心を釈する時、自己の内面に最大の敵なる自力我執の暴風駛雨なることを自覚されたのであった。そして善導大師が自己の我執の暴風駛雨なることを告白して深く懺悔し激励して記したものが彼の「三心釈」であった。善導大師自らが激励して記したものとは、たとえば『観経』の三心の第一、至誠心《しじょうしん》を釈するにあたって、至誠心とは、至とは真なり、誠とは実なり。

すなわち至誠心とは「真実心」であると釈して、真実心とは、一切衆生の身口意業の所修の解行《げぎょう》、必ず須《すべから》く真実心の中に作《な》すべきことを明かさむと欲す。外に賢善精進の相を現じ、内に虚仮《こけ》を懐くことを得ざれと釈す。すなわち真実心とは所修の行為に対して能修の心が真実心であれ、と自らに激励している。それは外形と内心とが相応せよと自らを激励することである。これ善導大師の森厳なる訓言である。

この善導大師の訓言を何と読むか――。曽我量深は「此一段の文字は彼の文章中最も意義多含にして又最も理解し難き難文字である。（中略）一面より見れば自ら激励する文字であり、又他面より見れば懺悔悲痛の文字である。惟ふに懺悔は発して激励となり、激励その極に達すれば自絶となる」と記している。

この善導大師の「三心釈」を、親鸞聖人は、

一切衆生の身口意業の所修の解行、必ず真実心の中に作《な》したまえるを須《もち》いることを明かさんと欲う。外に賢善精進の相を現ずることを得ざれ、内に虚仮を懐けばなり（疑情を自覚されたこと。疑情を自覚したことが信心）。

と読まれたのであった。これすなわち善導大師の訓言を「自絶」の言葉として聞かれたのであっ

た。が、そのことは今は閣くことにする。

一方、法然上人は善導大師の訓言を「激励」の文字と読まれたのであった。そのことを曽我量深は次のように記している。

（法然上人の）『選択集』の三心章は此善導の三心釈を悉く引用して、自己心界の秘密の表白にかへられたのである。

誠に信仰と云へば云何にも光明的の語である。故に『観経』には三心と云ふて、信（三信）の文字を用ゐてない。心（三心）は人間現実の心である。肉と不一不異の心である。闇黒の心である。心の一字、意義甚深である。至誠心《しじょうしん》と云ふたとて人間現実の至誠《しせい》であり、深心も亦散動乱転の人間的深心であり、回向発願心も依然として娑婆世界に著執する人間の願往生心である（浄土往生を求めずにおれない心）。かく三心をば人間の現実の心の上に観察せられたが善導の三心観である。如来の光明は常住であると云ふも、実に人間心上に現はるゝ光明は瞬時の閃《ひらめき》である。金剛堅固の信仰と云ふも、畢竟動中の不動に出でぬ。我等は徹頭徹尾、有漏雑染《うろぞうぜん》、業果不自在の凡夫である。我等は極楽界の貴公子ではなくして、生死界の戦士である。（中略）

かく善導大師の三心釈を読誦すれば、徹頭徹尾赤裸々なる人間としての彼《かれ》の面目を見る。

唯夫れ此闇黒ありて、外に光々たる力あり。惟ふに聖道自力の諸師、徒に釈尊の正殿に驚嘆しつゝある時、（善導）大師は直に深く釈尊の内房に入れり。彼は忽然として深宮の聴衆たり。かくして彼は釈尊と同じく、如来の子たり。

而して法然聖人亦深く善導の内房に入れり。かくして自己の深き「千歳の闇室」を同じく善導の胸中に発見した。誠に三心釈を発見したる法然聖人は正に善導の胸中に善導を発見し、自己の胸中に善導を発見したるものである。

我々は亦自己胸中の「千歳の闇室」を親しく法然聖人の胸中に発見し、進て善導の胸中に発見し、曇鸞大師の胸中に発見し、又釈尊の胸中に発見した。闇黒は地獄である。然らば則ち我は諸聖と共に同一なる地獄を胸中に有するものである。茲《ここ》に至りて悲哀は転じて大歓喜となる。

（「大闇黒の仏心を観よ」選集二—三一三〜三一六頁）

すなわち法然上人は善導大師の「三心釈」をどのように読まれたのかというに、法然上人は善導大師の「三心釈」を『選択集』の「三心章」にことごとく引用して、「自己心界の秘密」を表白する文に変えられた、と記されている。その善導大師の「三心釈」とは人間の現実の心の至誠心、深心、廻向発願心であると観察せられた、と記されているが、それは聖者の善導大師ではなくて、自らの我執と闘う「人間としての善導大師」ということだろう。そこを「善導大師の三心釈を読誦すれば、徹頭徹尾赤裸々なる人間としての彼の面目を見る」と記されたのであった。「赤裸々なる人間」とは自力我執の闇黒と格闘せる「人間としての善導大師」、ということである。これが善導の三心観の要である。

そして同じく法然上人も「深く善導の内房に入れり。かくして自己の深き「千歳の闇室」を同じく善導の胸中に発見」されたのである。その記録が法然上人の『選択集』の「三心章」であった。古来、『選択集』の核心が「二行章」にあるか「本願章」にあるかが論じられているが、それは畢竟『選択集』の光明的表面に他ならない。更に根本的な問題がある。親鸞聖人は深く法然上人の内房に入って、自己の胸中の「千歳の闇室」の闇黒を法然上人の胸中に発見されたのであった。それが法然上人の『選択集』の「三心章」であると観られたのであった。すなわち親鸞聖人は、『選択集』の核心は「三心章」であると見られたのであった。

そのことを記録したのが親鸞聖人の『愚禿鈔』である。が、今は閣くことにする。

そして我われは自己の胸中の闇黒を、これら『観経』の釈尊、善導大師、法然上人、そして親鸞聖人などの諸聖の胸中に発見することによって、我われは「諸聖と共に同一なる地獄を胸中に有するものである」。

かくの如く古聖の文字はその表面、光明煥然《かんねん》たれども、その裏面には限なき悲痛を包含することは疑ふことが出来ぬ。而も此裏面の闇黒あるが故に、表面の光明が現はるゝ。又反面の闇黒あればこそ、正面の光明が貴いのである。されば人心中の闇室は光明より以上の実在である。かくて我は聖賢胸中の同一の闇室をたどり、遂に如来胸中の大闇室に到達するに至りた。

如来は尽十方の無碍の光明である。而《しか》も深くその御胸に入る時に我は無限の闇黒を見る。我々は自己の闇黒の存在（我執）を以て常に如来の存在を否定せんとした。誠に如来を以て単なる光明としたならば勿論爾《しか》くなければならぬ。而も如来は無限の光明なると共に無限の闇黒である。故に我等の闇黒は却て如来を肯定する所以となる。

（「大闇黒の仏心を観よ」選集二―三一七頁）

「我々は自己の闇黒の存在（我執）を以て常に如来の存在を否定せんとした」、その闇黒が「却て如来を肯定する所以となる」と記されているが、これは如来の存在を否定する「闇黒」が転ずれば如来を肯定する所以となる、ということであろう。故に「此裏面の闇黒あるが故に、表面の光明が現はるゝ。（中略）されば人心中の闇室は光明より以上の実在である」といえるのである。

ではいったい『観経』の釈尊、善導大師、そして法然上人の裏面の「闇黒」とはいかなる意味があるのだろうか。

二、闇室とは何か

然らば如来の闇室とは何ぞや。我惟《おも》ふに如来は無辺の蝋燭である。彼は尽十方の光明を以て外十方を照す。而も光の中心は又無辺の闇黒である。此無辺の闇黒とは大悲の本願である、修行である。智慧を以て光明とせば、慈悲は闇黒である。如来は外面より見れば光明にして、内面は闇黒である。此如来の闇黒は誠に如来光明の根本原動力にして、如来の真生命は茲に在る。如来が人格を有して人間と交渉し、人間を救済摂取し給ふ力は正に此無限の闇黒を有するが為である。

（「大闇黒の仏心を観よ」選集二―三一七～三一八頁）

曽我量深は光明と闇黒の関係を蝋燭で譬えている。恰《あたか》も蝋燭の火炎の外面は赫々たる光明であるのに対して、その核心は闇黒であるが如く、如来の外面は智慧の光明なるに対して、その内面の闇黒とは我われと同体して我執となられた如来の慈悲をたとえられたのである。すなわち如来は、衆生の我執は我が我執であると感じて、衆生の我執となられたのである。そしてその我執を転ずることによって衆生に光を与えられる。この闇黒の我執とは「大闇黒の仏心」すなわち法蔵菩薩そのものでないか。それ故に「此無辺の闇黒とは大悲の本願である、修行である。智慧を以て光明とせば、慈悲は闇黒である。如来は外面より見れば光明にして、内面は闇黒である。此如来の闇黒は誠に如来光明の根本原動力にして、如来の真生命は茲に在る」と記されているのであろう。

そして「如来が人格を有して人間と交渉し……」とは、如来が人間と同体して因位法蔵菩薩となることであるが、それは人間の闇黒そのものとなることである。そして人間の闇黒全体を転ずることが衆生を救済摂取することである。故に人間の闇黒そのものとなることが「人間を救済摂取し給う力」であると記されたのだろう。

如来の本願は此闇黒の御胸より涌き出でた。されば他力教は如来の大闇黒の大地上に建立せられたる家屋である。如来を以て単なる光明智慧とし、是人格なき空理となすは自力教である。自力教と他力教との相違点は、単に如来の外的光明を見ると、更に光明の源泉なる大闇黒に接するとの別に帰する。

徒に如来の光明を讃仰するものは自己と如来と同一の感情を有するを思はざるものである。誠に如来の正覚は過去にある。而も真に如来、心に接触する時には如来胸中に猶《なお》無量の迷妄を包有し給へるを見る。徒に我一人罪業に泣くと思ふべからず、一切衆生の罪は則ち如来の罪であると感じ給ふ。如来は大智慧の故に已に正覚を成す。而も大慈悲の方より云へば如来の胸中は依然たる闇黒である。

（「大闇黒の仏心を観よ」選集二―三一八頁）

如来は衆生と同体して、衆生の闇黒となって、その闇黒を転ずることが本願の発起である。それが如来の光明である。そのことを「如来の本願は此闇黒の御胸より涌き出でた」と記されたのであった。そのことわりに「なるほど」と同心することが「他力教」である。故に「自力教と他力教との相違点は、単に如来の外的光明を見ると、更に光明の源泉なる大闇黒に接するとの別に帰する」と記されたのであろう。

大事なことは如来が衆生と同体して因位の法蔵菩薩となられることである。これ、「自己と如来と同一の感情を有する」ことである。故に「真に如来、心に接触する時には如来胸中に猶無量の迷妄を包有し給へるを見る。徒に我一人罪業に泣くと思ふべからず、一切衆生の罪は則ち如来の罪であると感じ給ふ。如来は大智慧の故に已に正覚を成す。而も大慈悲の方より云へば如来の胸中は依然たる闇黒である」と記されたのであろう。他力は外より来たらずして、闇黒の胸より涌くのである。

則ち『大経』は主としてその光明の一面を説明し、『観経』はその闇黒の一面を明示す。住立空中（第七華座観）と云ひ、臨終来迎（下下品）と云ひ、その闇黒の存在を証明し給ふものである。大悲は無明である。無縁大悲は無明の至極である。

然れば則ち我等胸中の闇黒は則ち我等が如来大悲の胸中の闇室に居るを証するのである。我等は自己闇黒の苦痛を見る時、深く如来胸中の御辛労を恐察せよ。是如来の現在の大悲の御辛労に同心するが他力の信心である。

（「大闇黒の仏心を観よ」選集二―三一八頁）

『観経』は如来の同体の大悲を説く経である。「住立空中（第七華座観）と云ひ、臨終来迎（下下品）と云ひ、その闇黒の存在を証明し給ふものである」とは、慈悲の如来、釈尊が衆生の無明の闇黒と同体して、衆生の「千歳の闇室」の無明の闇黒を転ずる一刹那の光明を、『観経』では「住立空中」の如来と説き（第七華座観）、「臨終来迎」（下下品）の如来と説かれたのである。

故に「大悲は無明である。無縁大悲は無明の至極である」。我われ衆生に同体したもう無縁の大悲によって、「我等胸中の闇黒は則ち我等が如来大悲の胸中の闇室に居る」ことを証せられるのである。

我われは自分自身が我執の闇黒であることを自覚することはできない。そのために如来が罪悪の本源なる我執を徹見することができない我われ衆生と同体して、如来自らが闇黒を闇黒と自覚されることが光明であり、それが我らにとってみれば他力の信心である。それ以外に光明はないのである。

如来が無自覚なる我ら衆生と同体されることは、光から闇への転落である。そして我われ衆生の救われがたき無明と罪悪を自覚せしめられる。そのことが闇から光への転換である。これ「如来、我となる。これ法蔵菩薩の降誕（「地上の救主」選集二—四〇八頁の取意）」と記されたことだろう。

曽我量深は、我われが自己の我執の苦痛を見る時、我われ以上に我が我執を苦痛して下さる大悲の如来、法蔵菩薩の「大闇黒の仏心」の御辛労を恐察して、その法蔵菩薩の「御辛労に同心するが他力の信心である」と教えられるのである。

三、名号

以上は「大闇黒の仏心を観よ」の論稿をとおして、闇黒の中にあってその自覚もない我われがどうして今日《こんにち》、他力の信心を得せしめて下されたのかを教えられたのであった。それは重言になるが、無自覚なる我われの無明と同体された如来の「闇黒より涌き出でた」大悲によってであった。

その「闇黒より涌き出でた」大悲を、我われはどこで覚知することができるのだろうか。そのことを曽我量深は「他力は胸より涌く」の論稿において、次のように記している。

我々は他力の名を深く味は、ねばならぬ。他力の名字は如来にありては利他の力と云ふべきもので、他力の名は唯我等の方に来りて初めて云ひ得べき文字である。我々の他力は如来の方に在りては寧ろ自力と云ふべきではない乎。されば他力の文字は我々が親しく自己の胸中に如来利他の力を実験した時にのみ意味あるものである。即ち客観には厳密に他力なるものはない。他力は唯我々の主観の自覚にのみ存するのである。如来の自力は我が胸中に回向せられて初めて他力の名を得たのである。我々は客観の他力に救はるゝのではない、主観上の他力救済の念に救はるゝのである。（中略）救済の信念の外に救済なく、又他力はない。我等の実験する所は唯現在救済の信念ばかりである。此信念が則ち唯一の救済である、唯一の他力である。他力は外より来らずして胸より涌く。他力と云ひ、救済と云ふは畢竟他力救済てふ信念の大事実が自ら表明せる霊的文字に過ぎぬのである。

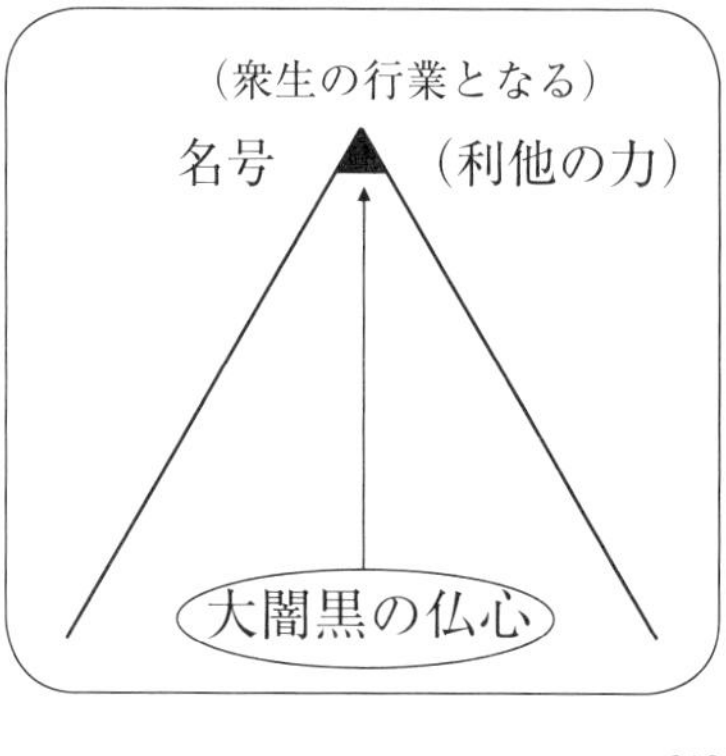

誠に信念の外に名号なく、名号の外に本願なく、本願の外に如来はない。而して信念が直接に接触する所信の境界は唯名号の一つである。此名号は如来の本願が我々衆生に回向発現（衆生の身・口・意の行業として発現）せる唯一の実在である。（中略）人生に現はれたる此名号は遂に我祖聖に依り、始めて我等の主観の胸中に現はれたる親しき救済主であるとせられた。

（中略）此名号は此人生に於ける真実の如来である。此胸中に回向潜在せる名号を以て直に真の救済主と自覚するが真実信心である。「親鸞一人が為めなりけり」の告白は此胸中の如来、単に自己一人《いちにん》を親しく救済する如来に対する讃仰の語である。

（「他力は胸より涌く」選集二―三六三頁〜三六四頁）

今の文中において、我われが「他力」といっているのは、如来にあっては利他の力であって、それは如来の自力である（取意）といわれていることに留意しなければならない。その如来の利他の力、すなわち如来の自力を、我われはどこで覚知することができるのか――。それは我われにあっては自己の胸中において実験（実際に経験）した時である。自己の胸中おいて、とは我らが救済の我が信念において、ということである。まことに「他力は外より来たらずして胸より涌く」である。

では如来の利他の力（如来の自力）を、我われはどうして覚知することができるのか――。そのことを曽我量深は「誠に信念の外に名号なく、名号の外に本願なく、本願の外に如来はない。而して信念が直接に接触する所信の境界は唯名号の一つである。此名号は如来の本願が我々衆生に回向発現せる唯一の実在である」と記されている。すなわち如来の利他の力、如来の大悲心を我われは衆生の主観（『観経』では釈尊の主観）に実験することによって覚知するのであるが、覚知するものは「名号」として覚知するのである。すなわち如来の利他の力（如来の自力）、如来の大悲心は衆生のうえに名号として回向表現されることを記されたものである。これ、「如来、我となるとは法蔵菩薩降誕のことなり」（「地上の救主」選集二―四〇八頁）ということでないか。

我われは如来回向の名号ということをはっきりと覚知しなければならない。すなわち如来は衆生の身・口・意の行業となって回向表現して下さっていることを、我われは自己の主観に見出して覚知しなければならない。そのことを祖聖は「親鸞一人がためなり」と言われたのであった。

なお「自己の主観」「衆生の主観」といい、「我が胸中」といい、「如来、我となる」といわれている「我」については、稿を改めて考えていくことにする。

第八章　法蔵菩薩は阿頼耶識なり

一、阿頼耶識と法蔵菩薩

第一章において曽我量深が「地上の救主」法蔵菩薩を感得したことを述べた。そのことを曽我量深は、

私は昨年七月上旬、高田の金子君の所に於て、「如来は我《われ》なり」の一句を感得し、次で八月下旬、加賀の暁烏君の所に於て「如来我《われ》となりて我を救い給う」の一句を回向していただいた。遂に十月頃「如来我《われ》となるとは法蔵菩薩降誕《こうたん》のことなり」と云うことに気付かせてもらいました。（選集二―四〇八頁）

と記している。以後、この「如来、我となる、これ法蔵菩薩の降誕なり（取意）」ということが、

曽我量深の仏教を一貫するキーワードになった。

そして第二章から第七章までは、曽我量深が「地上の救主」法蔵菩薩を感得するに至るまでの道程を、同じく「曽我量深選集」第二巻の「凡人の右胸より誕生したる如来の宗教」(選集二―二三五頁)という論稿にさかのぼって読んできた。

では「如来、我となる」とはどういうことだろうか。一体「我」とはいかなる「我」であろうか。曽我量深はそのことを「法蔵菩薩降誕のことなり」と記しているが、「法蔵菩薩」とはいかなる仏であろうか。

最後に「我」、および「法蔵菩薩」について考えてみることにする。


曽我量深の仏教には十歳代のはじめから晩年まで「法蔵菩薩は阿頼耶識《あらやしき》なり」という思想が一貫しているのである。それは曽我量深が十二、三歳の頃から、『無量寿経』をとおして『唯識論』を読み、『唯識論』をとおして『無量寿経』を読んでいるうちに、『無量寿経』で説かれている「法蔵菩薩」は、『唯識論』で説かれている「阿頼耶識」と深い関係があることを直感して、「法蔵菩薩は阿頼耶識なり」ということを感得されたようである。

この曽我量深の「法蔵菩薩は阿頼耶識なり」という思想について、山内得立《やまのうちとくりゅう》(当時、京都大学名誉教授・哲学)は次のように述べている。

先日、師（曽我量深）の『法蔵菩薩』（米寿記念講演）を改めて読み直してみた。この書は師の九十年の長い円熟した思想を披瀝されたものであり、その精神は「法蔵菩薩は阿頼耶識である」という結論に極まっている。私は之を読んで最初は驚いたが、よく考えて見ると師の若き日の研究、殊に唯識教学の造詣から出発してここまで発展したものであり、恐らく阿頼耶識に関する古今独歩の解釈であろう。否それは解釈というようなものでなく師の独自の思想の展開であり、恐らくは師によって把《とら》えられた大乗仏教の根本思想であろう。

師は好んで仏教は釈迦以前にもあった、それは釈尊によって創始せられたというよりも発見し開発せられたものであると言う。之は私も満腔の賛意を表したい考え方であって、ニュートンの法則は決してニュートンによって造られたものでなく、ただ之を発見したのみであると私も考えている。法蔵菩薩は釈迦以前にもあり現人以後にもある。法蔵菩薩は既になき過去をも教化し、未だ来らざる衆生をも救済せんとする。即ちそれは久遠の仏であるが故に亦最も現行《げんぎょう》の仏なのである。

（選集一二月報）

以下、「法蔵菩薩は阿頼耶識である」という曽我量深の思想を考えてみることによって、「如来、我《われ》となる、これ法蔵菩薩の降誕なり（取意）」というキーワードを明らかにしたいと思う。

曽我量深は「法蔵菩薩」について次のように語っている。

神話宗教として法蔵菩薩を冷笑している間にあって、独りそれの上に地上の救主（法蔵菩薩）の意義を見出したこと、而して爾来わが真宗教界に於て漸く法蔵の名を聞くに到ったことはこよなき喜びである。（選集一一―四六一頁）

親鸞以後、曽我量深まで「法蔵菩薩」が浄土真宗の眼目であることは、誰一人として明らかにされてこなかった。「法蔵菩薩」は曽我量深に至って初めて明らかになったのである。そのことを曽我量深はこのように語ったのであった。それまでは法蔵菩薩を「神話」としてのみ語られてきたのであった。

「神話」として『大経』に説かれている法蔵菩薩の物語とは、

「過去、久遠《くおん》無量不可思議無央数劫《むおうしゅこう》に、錠光《じょうこう》如来、世に興出して、無量の衆生を教化し度《ど》脱《だつ》して、みな道《どう》を得せしめて滅度を取りたまいき。次に（その前に）如来ましまし、名を光遠《こうおん》という。次に（その前に）如来ましましき、……」。このように釈尊は錠光如来からずっと過去をさかのぼって、その前、その前と五十三の仏さまを逆観して、最後の五十四仏目の仏さまは世自在王仏という方で、その世自在王仏の御在《みもと》で法蔵菩薩が本願を発願して、法蔵菩薩が五劫の間思惟《しゆい》し、永劫《ようごう》にわたって修行せられ、南無阿弥陀仏の名号を成就なされたと『大経』に説かれていることをいう。

このように神話・物語として説かれている『大経』の法蔵菩薩を、曽我量深は自己の「自覚の事実」として捉え直したのである。それは曽我量深が、一切の人間存在の根源に潜んでいる願いや要求を、法蔵菩薩の神話として象徴表現されたものが『大経』の法蔵菩薩の神話であることを、自己の自覚の具体的事実として感得したものである。

それゆえに法蔵菩薩とは我われを超えた如来であるが、その如来が自己の内面の最も深いところ(阿頼耶識)に入り込み、自己の根柢となって、自己を真に自己たらしめる仏さまである。曽我量深はそのような自己をはるかに超えた如来が因位の法蔵菩薩となって、自己の最も深い「阿頼耶識」に実在することを我が身に感得して、「法蔵菩薩は阿頼耶識である」と言ったのである。

一方、「阿頼耶識」とは『唯識論』に説かれている根本原理である。そのことは次の項で明らかにしていくことになるが、曽我量深は、阿頼耶識とはあらゆる人間の最も深いところ——、それは無意識界の最も深いところにおいて感得することができる自覚の原理であるという。曽我量深は『唯識論』に説かれている阿頼耶識が、『大経』で説かれている法蔵菩薩であることを感得して、「法蔵菩薩は阿頼耶識なり」と言われた。

我われはその法蔵菩薩を自己の無意識界の最も深い阿頼耶識に感得することによって、我われは他力の信心を得て、真に救済されるのである。

なお私は、「法蔵菩薩は阿頼耶識なり」という自覚を、単に『大経』の法蔵菩薩の神話のみにとどめず、釈尊の前生譚《ぜんしょうたん》の物語（ジャータカ物語）、更にはいろいろな民族の神話——、それはあらゆる人間存在の底を貫いて無意識のうちに流れている根源的欲求を説かれているものであるが、それらの神話を自覚的にとらえるキーワードであると考える。そこにあらゆる文化史の底に流れる宗教心の展開を智見することができるのではなかろうか、と考えるものである。

二、曽我量深の阿頼耶識観

曽我量深は「法蔵菩薩は阿頼耶識なり」というが、曽我量深の唯識観とは如何なるものであろうか。曽我量深の唯識観を明らかにすることによって、「法蔵菩薩は阿頼耶識なり」ということを考えてみよう。

唯識はもう徹頭徹尾、自覚を離れて識は無い、自覚のある所に識があるということをおしたてて行き、終始一貫して万法唯識と立てるのが此の唯識の主張であります。

此の唯識ということは、色々かれこれいう人がありますけれども、此の唯識の主張というものを本当に知って、本当に此の唯識の厳正なる自証的主張を知って、そうして批評して居るものは昔より一人も無い。未だ嘗《かつ》て聞いたことは無い。又此の唯識の学者の中に於いても、自覚の事実として此の唯識を立てなければならぬということに真実目を向けて、そうして此の唯識観というものを徹底した所の人はこれ亦甚だ稀であるといはなければならぬ。

（選集五―一九〇頁）

仏教学も真宗学も自覚の教えである。曽我量深は、念仏の教えは、単なる救済の教えではない、自覚・自証の教えである、それが親鸞の教えである、という。曽我量深は生涯にわたってこのこと（「救済と自証」ということ）一つを明らかにしようとしたのである。そのことは序章、「救済と自証」において触れたので、ここでは割愛する。

その真宗学、念仏の教えが自覚・自証の教えであることを裏付けるのが『唯識論』である。念仏の教えが自覚・自証の教えであることは『唯識論』に基づいているのである。

曽我量深は『唯識論』が教える「阿頼耶識」と、真宗学が教える「法蔵菩薩」と深い関係にあることを感得して「阿頼耶識は法蔵菩薩なり」と感得したことは前に記したが、この曽我量深の考え方に対して、唯識学や真宗学のそれぞれ専門の学者からは強い批判がなされたのであった。

また曽我量深もそのことを充分に認識して、次のように言っている。

法相宗《ほっそうしゅう》などというものは権《ごん》大乗と云われているものである。そんな浅薄な教学をもってきて、一乗教の頂上であるところの誓願一仏乗を開顕する『大無量寿経』の法蔵菩薩の本願を律する如きは、これは愚かなことであると、こういうように叱られるかもしれません。けれども私のような愚かなものとしては、やはりこのようなところで了解して行けば一応の道理が分ってくるのである。

（選集七―二五六頁）

と言い、あるいは、

なにも私は昔から唯識学者のいう阿頼耶識と、真宗学でいう法蔵菩薩と同じだというようなことをいっているのではありませぬ。一体そういう阿頼耶識とか法蔵菩薩とかいうものは何を意味しているのか。我等の宗教的要求において何を意味するか。こういうことを私は明らかにしたいというだけのことであります。

（講義集四―一四五頁）

このように述べる曽我量深の立場は、阿頼耶識に関する古今独歩の解釈、否それは解釈というようなものでなく、独自の思想の展開であり、曽我量深によって把えられた大乗仏教の根本思想である、と山内得立はいうのである。

法蔵菩薩こそ大乗仏教の根本であることを曽我量深は次にように言っている。

法蔵菩薩こそは大乗の諸の論議経《ろんぎきょう》に於ける阿梨耶識《ありやしき》（「阿頼耶識」と同じ。『大乗起信論』で説く）もしくは阿頼耶識なるものであって、げに「大乗的精神」、「菩薩精神」、「大菩提心」、「永遠の人格」、「興法利生《こうぼうりしょう》の大精神」の象徴である。『大無量寿経』において四十八願を選択する前に、その選択摂取の願心の上に、法蔵菩薩の名字を選択したことは特に深き注意を要するのである。

（選集三―三三六頁）

「阿梨耶識」は『大乗起信論』で説かれる根本識であるが、それは「アーラヤ」という梵語の音写である。『唯識論』の「阿頼耶識」と同じ意味である。『大乗起信論』や『唯識論』では「阿梨耶」、「阿頼耶」という根本識の名称を以て哲学的に論じられているが、曽我量深はそれを『大無量寿経』の上では「法蔵菩薩」として人格的に説かれていると感得した。すなわち阿梨耶識または阿頼耶識が自らを反省し自覚した時、それを人格的に表現したのが『大経』の「法蔵菩薩」である。それ故に曽我量深は、阿梨耶識・阿頼耶識・法蔵菩薩という名で説かれることは、「大乗的精神」、「菩薩精神」、「大菩提心」、「永遠の人格」の象徴であり、大乗仏教の根本をあらわす、というのである。

このように『唯識論』『大乗起信論』、そして『大経』の真髄を論じたことは古今独歩のことであろう。

此の識（自覚）の識たる所は過去にもないし未来にもない。ただ現在にのみある。ただ現在一刹那にのみあるという所に識の識たる所がある。そこに識の特色があると思うのでありま す。所謂識の識たる所は自証にあるのである。自証自覚の力用《りきゆう》の外に何の別体もない。識の識たる所は、自覚的実在である。識の自覚が無いならば、それはもう了別《りょうべつ》（識と同じ。表象ともいう。認識すること）はない。即ち識と名づけるけれども、識では無い。だからして識の識たる所、識の本質は、自覚というものにある。自覚によって了別がある。自覚のない所に了別はない。自覚の無い所に心《しん》というものは無いのである。こういう具合に、唯識はもう徹頭徹尾、自覚を離れて識は無い、自覚のある所に識があるということをおしたてて行き、終始一貫して万法《ばんぽう》唯識と立てるのが此の唯識の主張であります。（選集五―一九〇頁）

唯識の立場では、直接の存在は識（自覚）の外に何物もない。純粋意識というものの外に何ものもない。識の識たる所は、自覚的実在である。「物」というものは我われの自証することのできないものである。「物」というものはただ識が縁ずる境《きょう》（対象）で、識の相分《そうぶん》として間接に存在するものである。自証ではなくて他証である。「物」は識によって証せられるものであって、「物」それ自体が自らを証するものでは無い。自覚によって了別《りょうべつ》がある。自覚のない所に了別はない。了別とは対象を感覚・知覚し、そして認識することである。

しかし我われの常識では、認識の主体、つまり識としての自分（我《われ》）が存在し、また自分が認識する対象としての様々な事物（法《ほう》）が存在し、それらから構成される世界が実在していると考える。そのために「我」や「法」に対する執着を払拭することができないのである。そして主体である自分と対象である事物・世界はそれぞれ異なる存在である、と考えているのである。

この我われの常識によって、「我」と「法」は実在していると思っているが、このような我われの常識は迷いである。『唯識論』はこれを虚妄《こもう》分別として斥《しりぞ》け、その虚妄分別の状態からの覚醒（それを虚妄分別と自覚すること）を目指すのが『唯識論』の立場である。

我われの常識は外界が実在すると見ている。この実在観を捨てるところに唯識の世界が実現する。外界が実在すると思っているものが、実は識（心《しん》）に他ならないと悟るのが唯識である。

心《しん》（識）は根本識なり。根本識に根底を有し其の中に生存する万有《ばんう》、これを心内の境《きょう》（対象）となし、根本識に根底を有せず、其の中に生存せざる万有、これを心外の境となす。前者は実在にして、後者は虚偽《こぎ》なり。然らば即ち万有の肯定は、正《まさ》に根本識の肯定なり。

（選集一—四一五頁）

しかれば我われの常識は心外の境を実有《じつう》（実際に存在するもの）と執する、これ虚偽《こぎ》である。我々の常識はこの「心外の境」を実有と執するが、これは実は識に他ならないと自覚することが唯識である。その時、万有《ばんう》（世界）は「心内の境」となり、根本識（阿頼耶識）に根底を有する万有（世界）として顕現することになる。これ「万有の肯定」となり、それはそのまま「根本識の肯定」となる。

このように根本識（阿頼耶識）は自己を自証する為に、つねに自己の意識を客観化して「心外の境」を実有と執する虚偽の自己を自覚し反省するのであるが、自覚し反省する一刹那に根本識（阿頼耶識）が顕現するのである。

そのことを曽我量深は「如来、我となる」と感得したのである。如来が自らを自覚反省することによってのみ、如来は真の「我」を自証するのである。

そのことを曽我量深は、第八阿頼耶識（根本識）と第七末那識の関係で次のように述べている。

これは法相唯識などで云いますと、例えば阿頼耶識は、末那識《まなしき》の自己否定のところに阿頼耶識がある。我執の末那識が自己否定する、この末那識が自己否定するところに阿頼耶識が感得できる。仏様（法蔵菩薩）もそういうようなことであって、われら衆生が自己を否定する、この自己を否定するということが、仏様の顕現する道でありましょう。仏の顕現する唯一の道がそこにある。

つまり云ってみれば、法蔵菩薩というのは、これは阿頼耶識というようなものでしょう。――それ以上云わなくてもよい。例えば『唯識論』のなかの阿頼耶識というのは、やはり法蔵菩薩というものをわれわれが求めておるのでしょう。この阿頼耶識は大菩提心の主体でしょう。阿頼耶識は大菩提心の自覚でしょう。つまり自覚存在が阿頼耶識でしょう。それは末那識が自己否定するところに感得するのである。末那識の自己否定が阿頼耶識を証明するのであって、それを離れてただ阿頼耶識というものが何処かにあるか探したってない。仏様がどこにましますか、仏様をいくら探したってない。ただわれわれが自己否定するときに仏様（法蔵菩薩）を感ずる。だからそれは一応は経典に記されてあるのだけれども、経典に書いてあるからといって、それを鵜呑みにしては何にもならない。

それはやはり本当に自力のすたるところに、そこに仏様（法蔵菩薩）がまのあたり顕現して下さるわけでありましょう。それはつまり法相唯識でいえば、末那識は自力の妄念そのものを象徴したものに違いがない。阿頼耶識はその自力の妄念の否定のところ（自力の無効を感ずるところ）に、否定たらしめるところの、その一つの体《たい》が阿頼耶識である。こういうように了解するならば、そこからわれわれはこの法蔵菩薩というようなお方にいつでも遇うことができるのであります。

（選集七―二七八～二七九頁）

【参考】「末那識《まなしき》」について曽我量深が述べているところを紹介してみよう。

『成唯識論《じょうゆいしきろん》』には第七末那識について、これは普通の分別の意識（第六意識）のもっと深いところにある根本の自我意識である。これはどういうはたらきをするかというと、自我の意識、いわゆる我《が》の識である。「俺が」「俺が」という我の意識である。これを第七末那識という。これは人間の根本の迷いの識である。無分別の自我意識である。

この無意識の我の識は、外の方に向かってはたらかないで、外にあらわれないで、内に向かってはたらく意識である。内にはたらくとは、この我の識が四つの煩悩と相応する。その四煩悩とは、我痴、我見、我慢、我愛。第七末那識はこの四煩悩と常に相応する。第七末那識は我痴、我見、我慢、我愛という四つの煩悩と常に友達になってはたらく。この四つがもう兄弟分でありまして、これが三つになったり二つになったりすることはありません。四つは必ず友達でありまして、これが夜も昼も、寝ても覚めてもはたらいておるのであります。

どんなに私どもが熟睡したと、夢も見ないように熟睡していても第七末那識は常に眼を覚ましている。私どもは第六意識までは睡りますけれども、第七末那識には睡りがない。どんなに熟睡しておっても、第七末那識は眼を覚ましてはたらいておるのであります。

これが私どもの内にはたらいておる。外にはたらくのが第六識、内に向こうてはたらいておるものが第七末那識でございます。これが迷いの根本であります。

我痴とは無明、我執でしょう。無分別の我執というのがある。我執と言えば分別のようでありますけれども、そうでなくしてやはり微細な無分別の我執がある。けれども無分別と言うてもやっぱり何かの程度で分別があるに違いない。だから無分別の我愛、無分別の我慢、無分別の我見だと、こう言いまするけれども、やっぱり迷うのですから、迷いは迷いとしてのやっぱり微細の分別があるに違いないと思うのであります。第六意識は粗い分別、第七末那識は微細の分別というので、微細の分別を無分別とこういうふうに言うのであろうと思います。

（『親鸞との対話』二三三頁「識を転じて智を得る」の取意）

末那識は人間の無意識的な我執であり、それは無明である。それ故に人間はこの末那識を所依とする限り根源的に無明的な存在であるといわなければならない。しかし曽我量深は、この末那識自らが体《たい》を挙げて自らの姿を自覚して、「末那識が自己否定するところに阿頼耶識が感得できる」（選集七―二七七頁）と記されている。これは阿頼耶識（根本識）自らが末那識に執蔵されることによって末那識の無明であり我執そのものとなるのであるが、その阿頼耶識が自ら末那識の我執となっていることを自覚し反省することによって、阿頼耶識が自《みずか》らを顕現するのである。

そのことを曽我量深は我が身に体験して、「如来、我となる」といわれたのであろう。あるいはそのことを文中では、「ただわれわれが自己否定するときに仏様を感ずる」といわれたのであろう。「われわれが自己否定するとき」とは、我執・自力の心が行き詰まって、自力の無効を知って自力がすたる時である。その時に「自力のすたるところに、そこに仏様がまのあたり顕現して下さるわけでありましょう」と述べられている。我われが自力の心を立場として求めてきて、行きつくところ、自力の無効を知った時に、仏さまはいつでも、我われの意識を超えて向こうの方から顕現して下さるのである。その顕現して下さる仏さまを「法蔵菩薩」と述べられたものである。

三、曽我量深の法蔵菩薩観

「阿頼耶識は末那識が自己否定するところに感得する」と記されているが、それを『唯識論』では「転識得智《てんじきとくち》」（識を転ずることによってのみ智を得ることができる）という。

そのことを浄土教でいえば、我われが自力の心で求めて、そして行き詰まり、自力のすたった所、すなわち我われが自己否定されたところに仏に出遇うことができるのである、その仏を法蔵菩薩という、と述べた。
その法蔵菩薩について、曽我量深は阿頼耶識との関連において次のように講述している。少し長いがそのまま引用してみることにする。

因位の法蔵菩薩という名のもとに、法蔵菩薩という大主観を開いて、法蔵菩薩というものは大きな自分である、究極の自分即ち法蔵菩薩である。各自各自の背後にあって、我という、俺がという、その一番後ろに本当の俺がある。その俺という我の我、その我のよって立つ所の我、そういうものを限りなく求めてゆくというと、最後に本当の我がある。その本当の我はやはり肉体を有《も》っているところの我か何か知らぬ。けれども個人的の私としては僅かに五尺余りの小さい貧弱な体を有っているものでありますが、この体の内面内観というものを開いてみますというと、どれだけ広大無辺な体であるか、その大きさも知れぬような大きな体ではないかと思うのであります。また私の生命はほとんど無量寿の命である。始もなく終もないという長い命でないかと思います。それが法蔵菩薩の命でないか。何か知らぬけれども私は自分を内面化してみるというと、無量寿の命をもって、又ほとんどその大きさに限りのない広大無辺の大きな体の持主である、こういう具合に力強く私は思うのであります。私共は決して自分を悲観してはならぬと思うのであります。私が我はというその我というものは、我の我、その我の我、その又我の我、こういう具合に、第二は第一よりも大きく、第三は第二よりも大きく、益々深く深めれば深める程、進めれば進める程、広大にして尊いところの我がそこに顕現して来ます。その一番底の底に叫んでいるところの我が、即ち四十八願を叫んだところの我であると思います。

法蔵菩薩の四十八願というものは我の我、その我というものを限りなく求めて、最後の我が叫んでいるところのものであろう。之は詳しいことを申すことは出来ませんけれども、そういうものでないかと思うのであります。

私共はこゝに動きます時に、たゞ徒らに自分一人が動いているのである、こう思ってはならぬ、我は法蔵菩薩の内にあって動いているのである。法蔵菩薩に抱かれて動いているのである。法蔵菩薩とともに動いているのである。こういう具合に言わなければならぬと思います。私共の行は卑しくとも、私共の智慧は浅くとも、私共の道徳は低くとも、その低いものを高くし、その低いものに高い所の価値を与え、浅い所の智慧に深い所の価値を与えて来るところに、大きな自分が更に自分の後ろに控へているということを私は力強く感ぜざるを得ないのであります。

これは即ち宗教的信が内に展開するところの本願の世界そのものを内観することに依って、

我々はそういう力強い力を喚起されるのであります。

そういうことはいろいろの学問の上にいろいろの方面から説いてあるであろうと思いますけれども、私は『大無量寿経』に説いてありますところによりますと、法蔵菩薩という大きな人格が既に自分の後ろにあって、我の背面にあって、我と叫んでいるのであります。この『大無量寿経』は真実の教だと親鸞聖人が仰しゃっているのでありますが、『大無量寿経』が真実の教だということは如来の本願を説くというところにあるのであります。つまり『大無量寿経』の本当の正宗分というのは、四十八願だけが正宗分中の正宗分であると親鸞聖人が仰しゃっている。「即ち如来の本願を説くを以て経の宗致《しゅうち》とする」。宗致というのは正宗分である。『大経』の宗とする所、正《まさ》しく宗とするところのものはたゞ四十八願に限る。こういう具合に親鸞聖人が仰せられておりますが、そうしてみると四十八願というものは法蔵菩薩が誓ったそういうものが（空間的に）何処かにあるようだけれども、そうでないと思います。私の言い方がむづかしいのですけれども、（自己を内観すれば）つまり自らの本当の胸を破って、言い換えれば私の主観を破って更にその奥に大なる主観がある。客観などという言葉は使う必要がない。本当の主観主観と内に限りないところの内容を有っているところの主観、本当に最後の主観、そこに法蔵菩薩の四十八願というものがある。こういうことは自分ははっきり云うことは出来ませんけれども、そういう心持は自分の常に懐いているところのものであります。仏さま仏さまというと何処か遠い所にあるように見えますけれども、我々の本当の根本主観が仏さまである、こういうことを一つ皆さんお考え下されたいということを希うて已まぬのであります。（中略）

つまり本願というのは自分の主観を掘って、掘って掘って本当に仏さまの根本を見出して行こうという、まあ自分の志しているところはそういうところである。そうしてそれは自分勝手に考えることでなしに、どうも『大無量寿経』の法蔵菩薩というのはそういう方面を示しているのでないかと思います。

法蔵菩薩のことはちょっとむづかしいのでありまして、まあこういう問題には余り多くの人が触れようとしないのであります。そして仏さまの御慈悲とか、仏さまの御慈悲に救われるとか、そういうことを漠然として一般に言っているのであります。けれども私はやはり浄土真宗の仏の根本というものは、どうしても自分の主観の上に之を求めてゆく、求めてゆくというと小さい主観の上に広大無辺の底知れないところの大主観というものがある。その大主観が即ち法蔵菩薩である。そういうことを朧気《おぼろげ》ながら自分は思って居るのであります。

（選集五―三八〇～三八三頁）

ここに講述されている「大主観」「大いなる主観」「本当の主観」「根本主観」「大きな自分」

「究極の自分」「本当の俺」「本当の我」「大きな人格」などと言われているのは、みな法蔵菩薩のことである。
曽我量深が法蔵菩薩を「大主観」「大いなる主観」「根本主観」などというのは、そのもとづくところは『成唯識論』である。『成唯識論』とは、天親菩薩の『唯識三十頌《じゅ》』を、護法《ごほう》（十大論師の一人）が註釈し、それを支那の玄奘《げんじょう》三蔵が翻訳したものをいう。

私は『成唯識論』の中に我々の根本識、第八識阿頼耶識――阿頼耶というのは梵語であって、支那の言葉に翻訳すれば蔵識《ぞうしき》と訳すのである。私は蔵識即ち阿頼耶識、これが我等の阿弥陀如来の因位の法蔵だと諒解しておるのであります。数十年前から諒解しておるのであります。蔵識（阿頼耶識）は大菩提心というものの一つの自覚である。菩提心の自覚というものの主体、自覚の体、それがつまり阿頼耶識である。阿頼耶識というものが目を覚す、仏になろうという一つの菩提心の主体というものがある。それがつまり阿頼耶識である。自覚の主体である。自分が仏になろう、一切衆生を救おう、こういう大菩提心の自覚の原理となるものが阿頼耶識である。

こういうところから私はこれがつまり法蔵菩薩の法蔵の「蔵」というのが、『成唯識論』の解釈ならば、唯識の解釈である「蔵識」と「法蔵」と同じことになるというわけでないのでありますけれども、大体において阿頼耶識というものを立てる、その根本をついてみると、やはり法蔵菩薩というのと同じ意義をもつものに違いないと思う。

これは昨日も申しましたのでありますが、法蔵菩薩は仏様の代表者であるか、我々衆生の代表者であるか。普通宗学の上におきましては衆生の代表者というものはない、助ける方の代表者はある。仏様はその代表者であるという。助かる我々の代表者はない。従来の宗学では、助ける方の代表者というように法蔵菩薩をみておるのであります。私はそういうものではないと思う。助ける方の代表者というものは、単なる助ける方の代表者、そういうものではないと思う。

（講義集二―一二四～一二五頁）

一般に法蔵菩薩といえば、阿弥陀仏が因位の菩薩になられた仏であるから「助ける方の代表者である」といわれている。しかし曽我量深は、法蔵菩薩は「助ける方の代表者である」と共に「助かる我われ衆生の代表者である」といわれる。それは曽我量深が大正二年に「地上の救主」法蔵菩薩を感得した時に、

法蔵菩薩は久遠の父の如来と我々衆生との間の第三者としての仲保者ではなく、一身則ち如来にして則ち我々衆生である。則ち第一者にして則ち第二者である、則ち我々の信念の客

体たると同時に、信仰の主体であらせらるる。タスケテであって同時にタスケラレテである。

（「地上の救主」選集二—四一四頁）

と記されて、法蔵菩薩は「タスケテ」の仏であると共に「タスケラレテ」の衆生であることを感得したと記している。そのことをここで法蔵菩薩は「助ける方の代表者である」と共に「助かる我々衆生の代表者である」といわれたのであろう。法蔵菩薩は一体二相の人格である。仏心凡心一体の人格（タスケラレテ）であり、機法一体の人格（タスケテ）である。

このように曽我量深が感得されるのも、そのもとづくところは『唯識論』にある。曽我量深は『唯識論』の阿頼耶識について、次のように記している。

阿頼耶は迷いの方法原理（タスケラレテの衆生）も悟りの方法原理（タスケテの仏）も、あらゆる万法《ばんぽう》を総合する自覚の全体系を包む意識の蔵である。其のあらゆる万法の蔵たると共に、直《ただち》にそれを自意識する意識である。其の蔵というのは阿頼耶の体相、即ち体験であり、蔵が蔵自体を自覚する所の識、即ち、蔵することが即ち蔵識することである。蔵即識の蔵意識である。こういうことをいうのが即ち阿頼耶というものである。

大菩提心の主体であり、大菩提心の自覚であり、自覚存在なのである。あらゆる意識をして内に自証意識たらしめる所の最も直接なる最高総合の原理意識であり、一切の意識をして自我の意識たらしめる究極的体験である。

究極の自我意識は常に無限と有限との限界に立つ。それは無限に我執と接触して、それ（我執）を止揚《しよう》して、一面に我執を超越すると共に、他面には固定せる我執を限りなく内面化して止まない。一切の自覚の総合原理自体、自覚の自覚、自覚する自覚、それが即ち阿頼耶である。その自覚の道程は即ち迷いの道程の逆的内観である、其の迷いの道程に即して自覚の道程を内観する体験、それが即ち阿頼耶の自覚である。（選集五―一六三～一六四頁の取意）

「究極の自我意識は常に無限と有限との限界に立つ」と記されていることについて――。「究極の自我意識」とは真の「我」、すなわち法蔵菩薩の「我」である。その法蔵菩薩は「タスケテ」の仏であるとともに「タスケラレテ」の衆生であることは前に記したが、そのことを法蔵菩薩は「常に無限と有限との限界に立つ」と記されたのだろう。その「無限と有限との限界に立つ」法蔵菩薩は、「タスケテ」の仏が「タスケラレテ」の衆生となって、衆生の我執を転じて如来の我執とすることを、「それは無限に我執と接触して、それ（我執）を止揚して、一面に我執を超越すると共に、他面には固定せる我執を限りなく内面化して止まない」と記されたものだろう。

四、衆生を摂して自体とし、安危を共同する

このように法蔵菩薩は「タスケテ」の仏であって同時に「タスケラレテ」の衆生である。「助ける方の代表者である」と同時に「助かる我々衆生の代表者である」。

曽我量深はそのことが『成唯識論』に記されていることを見出して、次のように述べられている。

『成唯識論』には阿頼耶識のことを書いてあるのであって、別に仏様のことを書いてあるわけではない。けれども私は不図《ふと》、「摂して自体となし、安危を共同する」ということの言葉が、非常に意味の深い言葉であるとして、既に十数年前から深い感銘を持っているものでありますす」（選集七―二九五頁）

『成唯識論』の中の前後の続きのことを話をすればわかるのですが、一々話す訳にいかんが、私の記憶しておるだけ話すと、「衆生を摂して自体とし、安危を共同する」、阿頼耶識は一切衆生を摂して自体とする。法蔵菩薩は一切衆生を自分に摂めて、そして一切衆生を以て自体とする。法蔵菩薩の自体とするというのは、法蔵菩薩が俺だ、というのでなくて、一切

衆生全体を摂めて自分の体《たい》とする。これが普通一つの浄土というておるものになると私は思う。衆生を摂して自体とし、衆生と安危を共同する。安危とは、安は生であるならば危は死である。安は楽しみであるならば危は苦しみである。死ぬも生きるも衆生と共にし、楽しみも苦しみも衆生と共にする、迷うも悟るも衆生と共にする。衆生が苦しめば我も苦しむ、衆生が楽しめば我も楽しむ。衆生の楽しみを我が楽しみとし、衆生の苦しみを我が苦しみとする、というのが安危を共同するという意味であります。

このようなことなどは『成唯識論』などには無味に解釈されておるのであるけれど、私は昔からこの文字をちゃんと読んで記憶しておるのであります。『成唯識論』を書いた筆者はどういう心持でこういうことを云うたのであるか、支那の言葉に翻訳した玄奘三蔵がどのような心持で翻訳したのか、自分と同じような心で翻訳されたのかどうかわからんけれども、出来上っておるところの文字を見れば、何かしらんけれどもあの面倒な理屈を並べておるところの『成唯識論』の中にもこのようなことが出ておるということは、阿頼耶識というような七面倒なことを云うておるけれども、私はこれはつまり、阿弥陀如来の因位の法蔵菩薩が衆生を救わんとするところの大誓願を発したという、御本願を発したところの法蔵菩薩の精神と同じものが阿頼耶識なのである。これはやはり大乗精神である。一切衆生と共に安危を共同する、こういう精神である。自分一人《ひとり》悟ろう、自分一人悟を開こう、そういう利己主義でない。迷うも衆生と共に、悟るも衆生と共に、これが阿頼耶識の精神である。それが即ち法蔵菩薩の精神である。それが即ち仏の精神である。それが即ち法蔵魂である。こう諒解してくるということは必ずしも間違いでない。

このように共通しておるということが今日の方にわかるのは当り前のことである。共通しておるということを今更不思議がることは愚かなことである。苟《いやしく》も大乗仏教の教学というものは、このような大精神が根源になっておる。大乗魂の自覚原理というものは阿頼耶識に違いない。それをつまり我われは法蔵菩薩にいただくのである。(講義集二―一二七〜一二八頁)

曽我量深はこのように述べている。阿頼耶識（法蔵菩薩）に自らの体《たい》があるのではない、阿頼耶識（法蔵菩薩）は衆生を見出して自らの体とし（衆生を自覚して衆生そのものとなって）、衆生と安危を共同にするのである。安危とは苦楽・生死である。衆生と苦楽を共にし、生死を共同にする。衆生と共に生き、衆生と共に死する。生きるも衆生と共に生き、死するも衆生と共に死す。生死常に衆生と一つである。

法蔵菩薩とは阿弥陀仏のことであるが、「法蔵菩薩は阿頼耶識なり」ということは、阿弥陀仏という仏さまを我われの心の深いところに見出していこうとして、このようにいわれたのである。我われは「阿弥陀仏」といえば自分とは対象的に外に実在される仏さまと思われるので、「法蔵菩薩は阿頼耶識なり」といわれたのである。それは自分自身の精神生活の深いところに仏の根というものを見出していくことである。
ただし注意しなければならないことは、曽我量深は『唯識論』の阿頼耶識と、浄土教の法蔵菩薩とが同じであると言っているのではない。

私は法蔵菩薩は阿頼耶識のことだ、こう言ったらば多くの人が、そんなことは不都合だなんと云う。何で不都合だと云うか。一体大乗仏教で末那識とか阿頼耶識とかいうのは何のためであるか。それは我等の仏道の自覚の原理を明らかにするためである。それは我々の常識、物質界というものを説くならば前六識を以て沢山だ。この第七識・第八識というものは何を説くかといえば、我等の精神的要求、精神界の原理を説くが、少くとも宗教の原理というものを説こうとするのである。つまり我々の大菩提心の原理はどこにあるか。大菩提心というものがどうして真実であるか。どうして行証せずにおれないか。それを明らかにするというためにこの末那識・阿頼耶識というものが要求されておる。だからそれが法蔵菩薩と云ってどこが悪いか。法蔵菩薩というものもやはりそういう大乗仏教的の要求から生れておる。同じ要求を代表しておる、どこが悪いか、こう私は思います。何も私は昔から唯識学者のいう阿頼耶識と、真宗学でいう法蔵菩薩と同じだというようなことを云っているのではありませぬ。一体そういう阿頼耶識とか法蔵菩薩とかいうものは何を意味しているか。我等の宗教的要求において何を意味するか。こういうことを私は明らかにしたいというだけのことであります。

（講義集四―一四五～一四六頁）

大乗仏教の教えは「我等の精神的要求」を明らかにすることであり、それは我らの「大乗仏教的の要求から生れておる」のである。それが『唯識論』では阿頼耶識として説かれ、『大経』では法蔵菩薩と説かれているのである。ともに大乗魂の自覚原理が根源になって説かれているのである。

五、法蔵菩薩は阿頼耶識の還相である

更に『大経』で説かれている法蔵菩薩を、『唯識論』で説かれている阿頼耶識との関係で考えてみよう。

真諦《しんたい》三蔵などは第八識の上に阿摩羅識《あまらしき》（第九識）というものを立てるけれども、玄奘三蔵は阿頼耶識のほかに阿摩羅識というものはない。因の位にあっては阿頼耶識というし、果の位にあっては阿摩羅識というのである。だから第九識（阿摩羅識）を立てる必要はないとい

うのである。玄奘三蔵以前は、九識というものを立てていたけれども、玄奘三蔵は無著とか世親（天親菩薩）とかの書物によって研究し、『唯識三十頌』というものによって識は八識と決定したのである。それから阿摩羅識は如来の清浄の阿頼耶識である。阿頼耶識は因位の衆生、染汚《ぜんま》の位の阿頼耶識である。このように雑染《ぞうぜん》の位の阿頼耶識、清浄の位の阿頼耶識というので清浄の位の阿頼耶識を特別に阿摩羅識というのである。阿摩羅とは清浄という意味である。

法蔵菩薩という方は、菩薩というから因の位であるが、単なる因の位ではない。果上の法性《ほっしょう》よりして、衆生を助けまた衆生を摂し、そしてまた法性の義理というものをば荘厳《しょうごん》する。法界荘厳によって衆生を摂取し、衆生を助けようという願を成就せんがために、法界から法蔵菩薩という位にさがってくだされたのである。こういうのが還相の根源でありましょう。仏さま自ら法性から一歩さがられた。因位菩薩の位にさがられた。だから菩薩であるけれども、法相唯識（法相宗の唯識）の阿頼耶識と違うのでありましょう。法相唯識の阿頼耶識は迷いの位の根本識である。法蔵菩薩は一切衆生を助けたもうことによって、法界を荘厳し浄土を荘厳しようというのである。即ち法界浄土を荘厳しようというのが法蔵菩薩として現われてくだされた所以である。だから（法相宗の唯識でいう）阿頼耶識とは違うのでありましょう。阿摩羅識なのでしょう。阿摩羅と阿頼耶と一緒になったものでしょう。（仏さまは）自分自身には主体などという自覚はない。むしろ、そういうもののない随処作主（随処に主と作《な》る）というような一つの境地である。

（選集八―七五～七六頁）

旧訳者である真諦三蔵は第八識の阿頼耶識のほかに独立した第九識の阿摩羅識、即ち清浄な識をたてる。それに対して新訳者の玄奘三蔵は第八識の因の位を阿頼耶識と言い、果の位を阿摩羅識という。

曽我量深は、阿頼耶識（迷いの識）が転換したものが阿摩羅識と言う。阿頼耶識は迷いの識、阿摩羅識は覚《さと》りの識である。阿頼耶識は有漏《うろ》識、阿摩羅識は無漏《むろ》識。ただ阿摩羅識と阿頼耶識と二つ別の識があるのではない。有漏の位を阿頼耶識といい、無漏の位を阿摩羅識というのである。転位、位が転ずるのである。有漏の位の阿頼耶識が転換された識を阿摩羅識というのである。（有漏の阿頼耶）識を転じて智を得た（転識得智した）識が阿摩羅識である。旧訳者の真諦三蔵の如く第八識の阿頼耶識のほかに第九識をたてると、転識得智（識を転じて智を得る）の転換の道理が明らかにならないのである。

ただ大事なことは、有漏の阿頼耶識を転じても阿頼耶識が無くなるのではない。迷いの阿頼耶識を転じて阿摩羅識の清浄な智を得るのである。迷いの識を転じて智を得ても迷いの阿頼耶識が無くなるのではない。

曽我量深は、この転識得智せしむるはたらきを阿頼耶識自身の内面に種子《しゅうじ》としてもっているというが、それを『大経』でいえば法蔵菩薩である、という。法蔵菩薩は単なる菩薩ではない、「法界荘厳《しょうごん》によって衆生を摂取し、衆生を助けようという願を成就せんがために、法界から法蔵菩薩という位にさがってくだされた」菩薩である。「仏さま自ら法性から一歩さがられた。因位菩薩の位にさがられ」て、我われと体《たい》を同じくして下された（同体された）菩薩である。そのことを今の文中では「（仏さまは）自分自身には主体などという自覚はない。むしろ、そういうもののない随処作主《ずいしょさしゅ》（随処に主と作《な》る）というような一つの境地である」と述べられている。こういう菩薩を従果向因《じゅうかこういん》の（果より因に向かう）菩薩、すなわち還相回向の菩薩という。法蔵菩薩は法性のさとりの世界からこの現実界へ還相回向された菩薩である。そのことを曽我量深は、「法蔵菩薩は阿頼耶識の還相である」という。

法蔵菩薩は何のために法性の世界から還相されるのか――。それは我われ衆生と同体して、衆生の迷いを転じて智を与えるため（転識得智のため）である。そのことを『大経』では「荘厳《しょうごん》する」と説かれている。荘厳とは法蔵菩薩が自らの願心自身を浄化することである。浄化荘厳することを、『成唯識論』では「転識得智（識を転じて智を得る）」と記されているが、そのことを『大経』では「荘厳する」と説かれているのである。

では何が転識得智せしめるのか――。曽我量深は阿頼耶識自身の内面に転識得智せしめるはたらき（種子《しゅうじ》）を蔵している、という。その阿頼耶識自身とは、『大経』で説かれる法蔵菩薩のことである。そのために「仏さま自ら法性から一歩さがられ」て法蔵菩薩となって、御自《おんみずか》らの願心を浄化荘厳されるのである。そのことを「法蔵菩薩は一切衆生を助けたもう（救済される）ことによって、法界を荘厳し浄土を荘厳しよう（自証しよう）というのである。即ち法界の浄土を荘厳しようというのが法蔵菩薩として現われてくだされた所以である」と述べられたのである。

我われはこのような「仏さま自ら法性から一歩さがられた」還相回向の菩薩、すなわち法蔵菩薩を我われの内面に感得することによって、真に助けられるのである。そのことを次のように述べられている。

『大経』の法蔵菩薩の発願・修行、正覚浄土の一切の開展は悉くその源、「仏々相念」の一句にあると着眼するのである。「去《こ》・来《らい》・現《げん》の仏は仏と仏と相《あい》念じたまえり」、何たる広大甚深の光景であろうか。私は常に此の文字を憶念せざるを得ない。三千年前の釈尊の内生活を唯《ただ》此の文字に求め得るのである。我々は三世諸仏出生《しゅっせい》の本源、十方諸仏止住《しじゅう》の大心海を念ぜねばならぬ。

私はこの「仏々相念」の文字が釈尊の過去久遠劫《くおんごう》の五十四仏の歴観となったことを思う。（中略）これ蓋《けだ》し釈尊が彼の久遠の法蔵菩薩の大主観を開いて、次第に彼が歩み来った道程を逆観するのである。釈尊は現在刹那の一念の端的から次第々々に深き内面の世界へと歴観しつつ遡《さかのぼ》り行いた。真実内界の歴史は実にかゝる次第に依って顕わされねばならぬ。げにかくの如くして世尊は久遠最古の源頭へと進ませられた。而して世自在王《せじざいおう》なる最古最大の応現仏の光明の下《もと》に照現せられたる自己久遠の還相、法蔵菩薩を発見し給ひたのである。

げに次第に逆観して新《あたらしき》より古《いにしえ》へと配列した所の五十四仏は、世尊自己の根本主観の還相なる法蔵菩薩を照現し発遣《はっけん》する為に法の理想界から応現せる化仏である。是等の応現仏は法蔵菩薩の理想界から応現し、彼（法蔵菩薩）の無限創造力の表現である。彼の観念界の秘奥に影現《ようげん》せる久遠本覚は自己の無限創造の力を証明する為めに、その光りを分って五十四仏の名号を創造し給いたのである。

しからば則ち「法蔵菩薩」の名字は自己の根本主観なる阿梨耶識《ありやしき》（阿頼耶識）の還相の名であるを知ることが出来る。すなわち仏々相念から五十四仏の逆観こそ法蔵菩薩の名字の創説の途《みち》を示すものであると信ずる。

かくの如きの道程に依って発見せられたる法蔵菩薩は釈尊の根本主観、阿頼耶識の還相であることは大略読者の推知せられる所であろうと信ずる。

而して釈尊が自己の還相を語る時、その対告衆阿難陀《あなんだ》の心には、現前の釈尊も亦久遠劫中の一仏として現に親しく出現してわが還相を照現し給う応現仏であったであろう。恐くは親鸞も亦この『大経』を読誦して彼自己の還相を照現する文字に驚かれたであろうと思われる。誠に驚くべき人生の記録である。この微小にして殆ど存在の価値なき如き自分がこの法蔵菩薩永劫の修行を背景として、茲《ここ》に誕生の声をあげたと云うことは夢の如き事柄である。

（選集三―三〇九～三一一頁）

釈尊は自己を深く内観して、五十三仏を経て、一切衆生を救う真実の慈母、法蔵菩薩の本願を感得された。この法蔵菩薩が釈尊における還相回向の菩薩の象徴である。釈尊はこの自己の還相の菩薩を発見することによりて、初めて真実に救われたのである。大光明の師仏、世自在王仏の下《もと》に見出されたる法蔵菩薩は、釈尊の現実の我《われ》ではなくて、それは原理の我であった。我をして我たらしむる我である。だからこれは我ということのできない我である。釈尊は、現在の救いの事実の淵源を溯って、現在の救いを成立せしむる根本原理を求められた、それが法蔵菩薩であった。

親鸞も自己の内面に還相回向の法蔵菩薩を感得することによって真実に救われたのであった。我われもまた真実に救われるとは、ただ自己の内面に無始久遠《くおん》の還相の菩薩、法蔵菩薩を感得することによって真実に救われるのである。

六、三性《さんしょう》の教え

平川彰氏（東京大学名誉教授）は曽我量深の「法蔵菩薩は阿頼耶識なり」という論を批判し、「（曽我量深がいう法蔵菩薩は）『大乗起信論』の真如（仏）より虚妄《こもう》（衆生）へ向かう向下《こうげ》的な「如来蔵としての法蔵菩薩論」で、それは真如縁起論であるが、それは『大乗起信論』でいう如来蔵を（曽我量深は）法蔵菩薩と論じている。しかしこれには転換の思想、「転識得智」の思想が欠けている（取意）」と批判している。曽我量深はいう。

同一の阿梨耶識（または阿頼耶識）でも、絶対門の真如から向下的に相対門の生滅《しょうめつ》へと説き進めた『大乗起信論』と、相対的なる相《そう》唯識から絶対門の性《しょう》唯識へと説き進めた『唯識論』と、そこには時代の背景やら、著者の人格やら、種々の内外の事情から、その阿梨耶識観（または阿頼耶識観）に於ても、自然に『大乗起信論』の如く楽観的なると、『唯識論』の如く悲観的なるとの差異を生じたのは止むを得ざることである。則ち一つは法の光明を高調し（『大乗起信論』）、一つは人の闇黒を痛泣して居る（『唯識論』）。（選集三―三〇七～三〇八頁）

真如（仏）から虚妄（衆生）へと流転する方面を向下門というならば、逆に虚妄から真如へ還滅《げんめつ》する（滅度・浄土へ還える）方向を向上門という。これは『大乗起信論』が説く向下門・向上門の教えである。ただし平川彰氏が指摘するように、『大乗起信論』には転換の思想、転識得智の思想が欠けている。

一方、『唯識論』には向下門・向上門ということは説かないが、転換の教えを説いている。

曽我量深の『唯識論』は単なる法相宗が説く唯識論ではない。曽我量深の『唯識論』は、向下門・向上門の教えを説く『大乗起信論』と、転換の教えを説く『唯識論』を包括した『唯識論』である。したがって平川彰氏は曽我量深が「法蔵菩薩は阿頼耶識なり」という『唯識論』は「転換の思想が欠けている（取意）」と批判するが、それは当を得た批判でないことは言うまでもないことである。

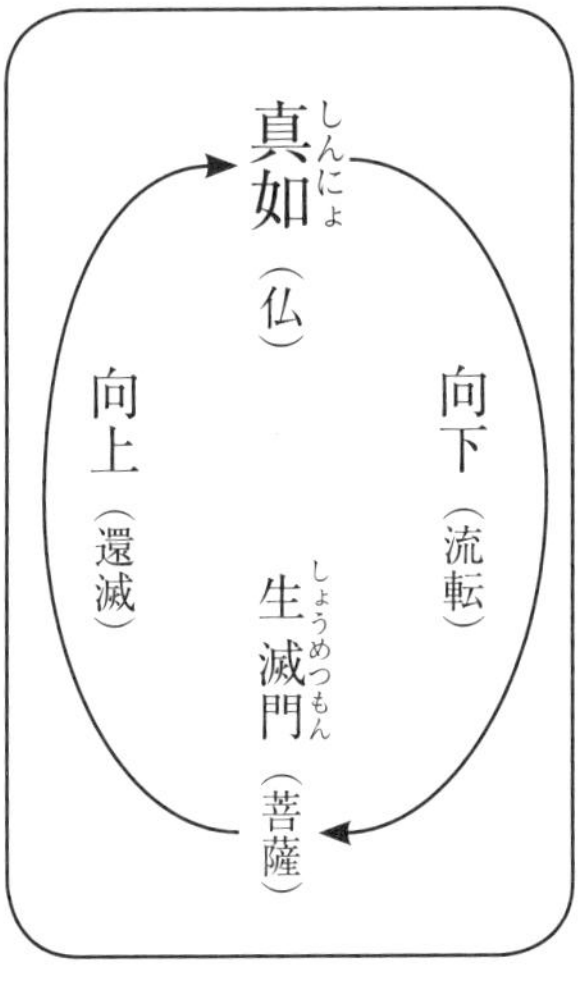

そこで以下は、『唯識論』が説く転換の教えを考えてみることにしよう。『唯識論』における転換の教えは、『唯識論』の「三性《さんしょう》の教え」において殊《こと》に顕著にみることができるので、「三性の教え」として説かれる転換の教えを概観してみよう。

「三性」とは、

（1）円成実性《えんじょうじっしょう》（真実）
（2）**依《え》他《た》起《き》性《しょう》**
（3）遍計所執性《へんげしょしゅうしょう》（虚妄）

向上門（還滅）＝転依（転換）

の三性である。この三性の中では（2）依他起性《えたきしょう》が中心である。即ち（2）依他起性から（3）遍計所執性《へんげしょしゅうしょう》への流転において凡夫の世界が成立する向下門《こうげもん》があり、また（1）円成実性《えんじょうじっしょう》から（2）依他起性への流転においても、また凡夫の世界が成立する、これも向下門である。（1）円成実性から（2）依他起性への流転を、浄土教のうえにみれば、それは仏から菩薩への向下、流転であるといえる。そして（3）遍計所執性から（1）円成実性への転依《てんね》（転換）は『大乗起信論』の向上・還滅門《げんめつもん》の教えに相当するのであるが、それが『唯識論』で説く転換の教えである。何が転ずるのか——、転ずるものは（2）依他起性が転ずるのである。

『大乗起信論』が説くように、真如（仏）を根抵とし、真如から虚妄へ流転する向下門、虚妄から真如へ還滅する向上門の教えは二性《にしょう》の教えであって、生滅門《しょうめつもん》（現実界）のすべては真如（仏）によって包まれたものであるという説明と、および流転と還滅（滅度に還えること）を説明するにおいて巧みである。そこを曽我量深は今の文中において「『大乗起信論』は法の光明を高調するが、楽観的になる（取意）」といわれるのであろう。しかし『大乗起信論』は、平川氏が指摘されるとおり転換の思想が欠けている。したがって自覚の原理が明らかでないと言わざるをえない。

一方、『唯識論』は向下門・向上門ということはいわないが、（1）円成実性（真実）と（3）遍計所執性（虚妄）の間に（2）依他起性を入れて、この三性《さんしょう》を立てて教える。この三性において最も中心は（2）依他起性である。（2）依他起性は文字どおり「他に依って起こるもの」という意味で、これが『唯識論』の縁起である。（2）「他に依って起こる」という「他」とは、依他起性にとっては（1）円成実性（真如）と（3）遍計所執性（虚妄）のどちらかである。すなわち（2）依他起性は自らを体とせずに、（1）円成実性（真実）と（3）遍計所執性（虚妄）のどちらかに「依って起こる」のであるが、水は低いところへ流れるように、（2）依他起性は（3）遍計所執性（虚妄）の方へ流れて、結局は（3）遍計所執性（虚妄）そのものとなるのである。そこを曽我量深は「『唯識論』は人の闇黒を痛泣して、悲観的になる（取意）」と記されたのであろう。しかし（2）依他起性は「人の闇黒を痛泣」するからこそ、（3）遍計所執性を転換して（1）円成実性（真如）となるのである。

【参考】「三性」の教え（長尾雅人の『摂大乗論』による。取意）

（1）円成実性（完全に成就されたもの）

（2）依他起性
- 浄分の依他起性
- 染分の依他起性（他に依る。唯識の縁起。遍計所執性へ転落する傾向を自らの中に含んでいる）

（3）遍計所執性（妄想されたもの）

唯識の世界観は、（1）円成実性・（2）依他起性・（3）遍計所執性という三つの部分が集って成立するのではない。世界は、迷える者にとっても悟れる者にとっても、ただ一つの現実的世界があるのみである。その唯一の世界が、迷える者には（3）「妄想されたもの（遍計所執性）」となり世界は迷界の一色となる。世界の隅ずみまでが迷・邪・誤に満ちたものとなる。その迷いの世界が転依（転換）されて（1）「完全に成就されたもの（円成実性）」となる時、同じ世界が悟りの世界となる。それは（3）「妄想されたもの（遍計所執性）」と別の世界ではない。

しかし何が世界を転換させるのだろうか。それは（2）「他に依るもの（依他起性）」自身が転換するからである。（2）「依他起性」とは「他に依る」と書くように、縁起的である世界が、一方では転換して凡夫の前には（3）「妄想された」迷界（遍計所執性）として現われ、他方では同じ世界が聖者にとっては（1）「完全に成就された」悟りの風光（円成実性）を展開する。同一の（2）依他起的な世界が、ある観点では（3）迷界ともなり、ある観点では（1）悟界として見られる、との意味である。

このようにして、（2）「他に依る」実存（依他起性）は、転換の行なわれる基底であり、それによって迷から悟への媒介体となるものである。

七、転識得智（識を転じて智を得る）の教え

前項では粗々《あらあら》ながら「三性」を通して『唯識論』の転換の教えを概観したのであるが、項を改めて、『成唯識論』（護法の『唯識論』）で説いている「転識得智《てんじきとくち》（識を転じて智を得る）」の教えを通して『唯識論』の転換の教えを明らかにしつつ、『唯識論』と浄土教の他力回向の信心の関係を考えてみることにしよう。

『成唯識論』に依ってみますというと、転識得智（識を転じて智を得る）ということをいいます。識を転じて智を得る、識を転回して智を得るという。そして、この『成唯識論』のさとりというものは、迷いを転じて――、迷いというのは識でありましょう、その迷いの識を転じて、そして、さとりの智というものを正受《しょうじゅ》するのである。だからして、（迷いの）識がなくなるというのではありません。さとっても識はある、しかしながら、識を転回して智を得るのである。

八の識を転じて四の智慧を得ると申します。四の智慧と申しまするのは、第一は大円鏡《だいえんきょう》智《ち》、第二は平等性智《びょうどうしょうち》、第三は妙観察智《みょうかんざっち》、第四は成所作智《じょうしょさち》である。第七識（末那識）を転じて平等性智を得る、第六識（第六意識）を転じて妙観察智を得る。第六識（意識）と第七識（末

那識）というものは、非常に深い関係をもっておるのでございますからして、まずもって、仏道を修行していきますというと、初地不退を得るときに、初地のさとりを得るときに、第六識を転じて妙観察智を得る、第七識を転じて平等性智を得るのである。だからして、平等性智と妙観察智の二智は、初地不退に到るときに得るのである。

これを、われわれの浄土真宗の教えに転じてみればどういうものであるか。わたくしどもが真実信心を獲るときに、平等性智と妙観察智というものを一分《いちぶん》得る。全分《ぜんぶん》を得るのではなく一分得るのです。（中略）

それで、浄土真宗では、信心は如来よりたまわる、仏智不思議を信ずるところの、不思議の仏智の廻向である。だからして、やはりわたくしどもは、信の一念のときに歓喜地の位に至ると、こうありますね。初歓喜地の位に至るのである。そうであるならば、そのときに平等性智・妙観察智の二智を得るのである。

（選集九—一〇五～一〇六頁）

【参考】識を転じて　智（四智）を得る

前五識（眼《げん》・耳《に》・鼻《び》・舌《ぜつ》・身《しん》）→成所作智（衆生利益のために種々の具体的行動を起こす智慧）

第六識（意識）→妙観察智（一切の法を深く細かに観察する智慧）

第七識（末那識）――→平等性智（一切の有情を平等に捉える智慧）
第八識（阿頼耶識）――→大円鏡智（明鏡がすべてのものを映すように、一切の法を映す智慧）

転識得智について、曽我量深は次のようにも述べている。

問　迷いの識を転じて智を得ると、転識得智ということについてお話いただきたいと思います。

曽我　「識を転じて智を得る」。識は迷いの方でございます。それから、智はさとりの方でございます。智という字は「さとる」という字でありますからね。識も「さとる」という訓があるのでありますけれども、識の方は虚妄《こもう》、智は真実であります。虚妄識、真実智と、こういうふうに真実と虚妄ということになりまして、識を転じて智を得ると、唯識八識、八識を転じて四智を得る、こういうふうに言います。眼・耳・鼻・舌・身・意・末那・阿頼耶とこれを八識、八識を転じて、観――観というのは心を静めて物の真理を見定めていくのが、それが観と言います。観見とか観想とかと言いましてですね――その観念の力によって八識を転じて四智を得る。ただ八識を無うして、八識を全部みんな吹き飛ばしてしもうてそうして四智を得る、そういうのではなしに、八識を転じてそうして四智を得る。こういうのでありまして、やっぱり四智というものも体《たい》は八識（虚妄識）であります。智の体は識でありましょう。だから識をなくするのではなくして、識を磨き上げてそうして四智というものを得るのでございます。それを「転ずる」と仏教では申します。今の学問では「方向転換」というような言葉がありまするが、方向転換ということとだいたい同じようなことでないかと思います。観念の力によって八識を転じてそうして四つの智慧を得るのであると。四智と申しまするのは、大円鏡智、平等性智、妙観察智、成所作智、これを四智と。智はさとりでありましょう。

さとり（覚）には智と理と二つありますね。覚には「能証の智」と「所証《しょしょう》の理」というものがあります。これは能証の智の方であります。智の方を菩提と言います。菩提、涅槃ということを言いまして、私どものさとりには能証の智を菩提と言う、所証の理を涅槃と申します。菩提と涅槃――菩提は能証の智であります、それからして涅槃は所証の理、所証の真理であります。

平等性智と妙観察智は菩薩が初地の位に分得する。大円鏡智と成所作智は分得することはないので、これは菩薩が成仏する時に一時に円満する。大円鏡智と成所作智は、唯仏果に至ってこれを得る。仏果に至れば四涅槃（四種の涅槃）を具有《ぐゆう》する。

（『親鸞との対話』二三〇～二三一頁）

識は迷いの方、智はさとりの方。識の方は虚妄、智は真実である。我われは生きているかぎり、転ずることなくして智をうるということはない。転位である。信心の智慧によって（位を）転ずることができるのである。

八識を転じて四智を得ることができる。眼・耳・鼻・舌・身・意の前六識と、第七の末那識・第八の阿頼耶識が転じられて大円鏡智・妙観察智・平等性智・成所作智の四智（さとり）を得ることができる。四智（さとり）というものも体は（迷いの）八識であり、迷いの識を転じてさとりの四智を得るので、智の体はあくまで識である。

そして現生《げんしょう》において転識得智するのは、第六識と第七識とである。平等性智と妙観察智は菩薩が初地の位に一分《いちぶん》を得る。大円鏡智と成所作智は現生においては分得《ぶんとく》することはない、唯仏果に至って得るのである。

『成唯識論』でいえば第六識・第七識を転じて妙観察智と平等性智を得ると説かれているが、菩薩の十地でいえば、初歓喜地（初地）を得る時に、第六識を転じて妙観察智を得る、第七識を転じて平等性智を得ると説かれている。

大円鏡智は心だけのさとりでなくて、身も心も一つになった根本のさとりである、そのさとりは仏のさとりだけにある。心と身が不二となったさとりが仏のさとりである、それは大般涅槃のさとりである。

ただ浄土教で教えられる「信心決定《しんじんけつじょう》」の時は、第六識と第七識が関係するので、平等性智と妙観察智といわれるものの一分を得ることになる。全部を得るのではなく一分を得るのである。そのことを浄土教でいえば、如来の本願力により信心決定することによって、正定聚不退転の位に住せしめられると説かれ、真実信心を獲る時に初めて初歓喜地に住することができる、と説かれている。

『成唯識論』に説かれている「転識得智」の教えは、『唯識三十頌』（天親菩薩）の「三性」によるものである。そのことを曽我量深は『摂大乗論』（選集一）に詳論しているので、参照して欲しい。

識を転じて智（仏果）に向う実践を伴わなくては、仏教的な実践がないのは言うまでもないことである。我われの解脱《げだつ》は、我われ自身を含めた世界が全体的に転換することにほかならない。

三性、即ち（1）円成実性・（2）依他起性・（3）遍計所執性の構造は、三つの異った世界が相並んで存在するのではない。常に（2）依他起性が中心である。依他起性は染・浄の二面があり、転換して、時には染分《せんぶん》ともなり、時には浄分《じょうぶん》ともなるものである。（3）遍計所執性から（1）円成実性への媒介者として根抵的にあるのが（2）依他起性で、（2）依他起性は一旦（3）遍計的な有《う》の世界（迷いの世界）に流転して、然る後にそれの否定として（1）円成実性の世界に転ずるのである。三性の教えはこのような転換の道を教えるものである。

なお曽我量深は「阿頼耶識は法蔵菩薩なり」というが、その基づく根源的なところは、私見であるが「依他起性は遍計所執性・円成実性の二相の媒介者である」（「摂大乗論」選集一—五〇四頁）と記しているところにあると思われる。

八、余録

最後に、長尾雅人（故京都大学仏教学名誉教授。唯識学）は、彼の論稿の一つ、「仏教的主体性について」（『中観と唯識』）に「迷いから悟りへ、輪廻する主体から仏の大我へと転換する転回点としての「顕現者（『大経』では法蔵菩薩）」の概念を見出すことが出来る」と述べているので、参考までにその要旨を附記する。

＊

仏教は、一面に於いては、最初から最後まで「無我」を立場としている。「人《にん》」といわれるものは、もし人我《にんが》（私）と名づけられるものである限りは否定せられねばならない。或は

「アートマン」といわれる「我」は否定せられたのである。

かかる「人我」の否定と、それにもかかわらず、宗教的実存としての主体性（『大経』では法蔵菩薩）が確立せらるべきであることとの間に、特に仏教的な問題がひそみ、単に西欧的に実存的ではあり得ない所以があるように見える。単なる「無我」は宗教的現実を忘れ勝であり、単なる実存主義は仏教的な思惟から逸脱するであろうからである。

いまこの小論稿は、右のような問題を頭におきながら、梵文の「唯識論」関係の論典の中から、一つの考え方をただ指摘するに止まる。それは唯識の論典に於いてもかなり異例的なものと思われるが、右の問題に対する或る視点を与えるには役立つかと思う。

結論的にまず述ぶるならば、仏教においては宗教的主体（『大経』の法蔵菩薩）もまた、あくまで縁起的なものとして考えられ、縁起的であることによってのみ、主体に於いて解脱が成立つということである。（中略）

山口益博士等の手によって明らかにせられた世親（天親菩薩）の梵文『三性論』に、依他起性（縁起的にあること）が、「顕現するもの」（顕現の主語）として規定せられ、「顕現者（曽我量深の「如来、我となる。これ法蔵菩薩の降誕なり」の意か）」とも呼ばれる。これに対して遍計所執性は「顕現するさま」であり、「顕現せられた様相」であり、顕現の結果である。而して円成実性は、前者（依他起性）が後者（遍計所執性）を絶対に常に遠離《おんり》せるあり方である。

ここに最も注意せらるべきは、「顕現者」の概念に外《ほか》ならない。また最も中心となり、根本となるものもまたそれである。まずその顕現とは、既に山口博士の指摘する如く「知る（自覚する）」はたらきであり、唯識といわれる「識」である。而して「顕現者」は行為的な主体性、「識《し》る（自覚する）」主体者に外ならぬであろう。その場合、「識る」はたらきは、唯識学においてあらゆる行為を綜合し、代表するものなるが故に、「顕現者」とは、あらゆる行為における主体性というべきである。然るにそれは、もと依他起性に名づけられたのであった。即ち「顕現者」は依他起的に縁起的に存在することなのである。世界は縁起であるといわれる時、世界は行為的には「顕現者」として凝結し、そこから行為の世界が展開せられるのである。

三性説の立場においては、世界は依他起性を中心とし根抵として転換する。雑染遍計《ぞうぜんへんげ》の輪廻に過ぎない世界が、清浄円成《えんじょう》なる涅槃に転回する転換の場面は、ただ依他起的にあること以外にはない。然るに今や実にその依他起性が、ここには主体的な存在として、「顕現者」として提示せられたのである。龍樹の『中論』においては常に否定せられたにもかかわらず、「者（主体者）」がここでは逆に、それ（主体者）なくしては、輪廻から涅槃への転依（転換）が成立たないような根本的なものとして、よみがえらされた。

もし右の如くに考えることに大過が無いとすれば、進んで「顕現者」乃至「言説者」なる主体性において、アートマン（我《が》）とは異なった、いわゆる宗教的実存への道が開かれていると考え得よう。「顕現」も「言説」も一《ひとつ》の「識」にほかならないが、而してその「識者」が依他起性として「唯識性」と称せられるあり方にほかならないが、その識のはたらきは、一方において末那（即ち思《し》）を通じて、抜き難き我意識を産み出すと共に、他方、転識得智において仏性たるものである。我意識による雑染《ぞうぜん》輪廻の世界は、龍樹を俟《ま》つまでもなく否定せられねばならない。かつ龍樹の否定の目指した所は、作者や去者等の単なる主体が、誤って絶対者の位置につくことを拒み、それによってただ縁起のみなることを明らかにせんとするにあった。

かくして縁起的依他起的となった主体性が、却って円成への転換点となるのである。「識」も「顕現者」も、かくの如きものとしてある。「顕現者」は自ら円成と区別せられることによって、普遍者ではなく個別的である。またそれ自ら識の根本であり依他起であることによっては、外面的対象的に「所識」として定着せられた遍計所執の世界とは異なって、内面的である。依他起なる「顕現者」は、かく両端（遍計所執性と円成実性）と区別せられながらも、遍計と円成との媒介的根拠としては、両者と直ちにつながるものがあり、両者を自己の中に保つ意味がある。即ち一方末那による「我愛」「執蔵」を通じて自ら輪廻する「顕現者」である限り、あらゆる罪は己れに出づる。依他起とは、畢竟、決して円成とは混同せられてならぬ所の、有為的な存在にほかならない。然し他方、一挙にして仏性が開覚せられることによって、却って自ら有為雑染《ういぞうぜん》なる「顕現者」であったことを知る時、それは円成の光に導かれた依他というべきである。（長尾雅人著『中観と唯識』「仏教的主体性について」三三四～三三九頁）

「結び」

序論に、

本願の真実というのは、決して、単に「衆生を救う」ということではない。「如来は如来である」「如来は如来であらねばならぬ」「如来はどこまでも如来でありたい」「如来をして如来たらしめねばならぬ」「徒らに如来と名告って居るべきではない」「無実の如来では不可ぬ」「如来の裡に如来に矛盾するものがあってはならぬ」というのが如来の根本の願である。

（「救済の信仰と自証」選集一〇―九一頁）

という曽我量深の講述を記したが、しかし又、

如来が如来であらんためには衆生を救わねばならぬ、しかし彼が衆生を救わんがためには

永久に如来となることが出来ぬ。

（「如来、我を救ふや」選集四―二八頁）

とも記している。ここに如来のジレンマがある。そのために如来は自らが自らを限りなく如来であることを自証する、それが本願の真実ということであろう。

曽我量深がいうところの「自証」とは、このように本願が本願自らを自証することである。それは我われが自証することではない、如来自らが自ら如来であることを自証することである。如来は衆生を救済すべく因位法蔵菩薩として衆生の心中に入り、その法蔵菩薩が御自らの願心を反省しては自証し、同時に衆生をして一心帰命せしめ給うのである。他力救済の道が遠く如来の本願の自証に裏附けられ、我われ衆生をして本当に自覚自証せしめようというのが如来の本願である。

我われは如来の限りない自証によって自証せしめられるのである。では如何に自証せしめられるか。自己は煩悩具足の宿業の身であることを自証せしめられるのである。本願力によって回向された信心とは、出離の縁なき身であると深信し、その身がそのまま救済されることを自証せしめられるのである。されば自覚自証の主体はあくまでも如来であり、我われは如来が自証する本願に同信することが信心である。

信心とは、我われ人間の心の底に入り込んだ如来のはたらきであり、そのはたらきは我われ人間において出現した如来の心である。我われは我われの心の底において、自己を超えた如来の心に触れ、それを自覚することである。信心によって救済されるとは、自己の心に出現した如来の願心によって自己の真実の姿を見出すことである。

救済と自証は不即不離の関係である。

自証する如来は救済されることをとおして自証する。そのために如来は衆生を救済する如来（我）となり、救済される我（凡夫）となり、その凡夫が救済されることをとおして自証する。その関係は如来が法蔵菩薩として「我」となり給うことにより成就するのである。

①我は我なり。
②如来は我なり。
③如来我となって、我を救いたもう。
④如来我となるとは、法蔵菩薩降誕のことなり。
⑤されど、我は如来にあらず。

如来が我を救うのは、それが我の内からはたらくことであるが、それは如来が我となることによってでなければならない。我となった如来、我においてはたらく如来は法蔵菩薩である。その法蔵菩薩は、如来にして人間であり、凡心をもった如来にして、仏心をもった凡夫である。そのようにして法蔵菩薩は我ならざる我である。法蔵菩薩とは、自己を超えたものの自己における内在であり、自己の根源にはたらく如来である。それが如来の本願であり、自己をして真に自己たらしめるものである。如来は如来たらんとし、我は真の我たらんとして、「逆対応」する無限の循環関係が「信の宗教」といわれる浄土真宗である。

あとがき

三十年来の朋友であった小林光麿氏の遺稿がこの度刊行されることになった。思えば故人とは、同じ志をもって曽我量深先生の著書を読み始めたのであった。多くの門徒を抱えられた大坊のご住職が、忙しい身を厭わずに京都の私の寺へ毎月のように通われ研鑽を続けられた。お互いによき対告衆としての学びの場であった。

言うまでもなく曽我量深先生の真宗教学は、単に「教学」というより、真宗学を独自の深い自覚をもとに思索された思想という方が適切と考えられる。それは先生の思索が真宗学は言うまでもなく、仏教学さらにはすべての宗教原理の根源を明らかにしようとしたものであるからである。特に熟読したのは『曽我量深選集』の第一巻から第五巻にわたる曽我先生が執筆された論文を主としてで、特に難解な文ではあるが、それは先生の思想が凝結された無分別智の宗教的直観から発露された文であるからである。真宗学を唯識思想に基づき独自の深い内観のもとに思索された所謂「法蔵菩薩は阿頼耶識である」との、唯識学といっても深い内観による独自のものであった。

故人は若いころから曽我先生に接し、肌身をもって曽我先生の謦咳に触れ、一筋に曽我先生の思想を追い求めてこられたが、特に本書に語られている如く、曽我先生の思想の「如来我となる。如来我となるとは法蔵菩薩の降誕なり」をキーワードとして貫かれたのが故人の一生の課題であった。

私の好きな言葉で結んでおられるが、「如来が如来であらんためには衆生を救わねばならぬ、しかし彼が衆生を救わんがためには永久に如来となることが出来ぬ」（「如来、我を救うや」）の一句こそ曽我の「救済と自証」の思想を端的に象徴的に表現した言葉である。

仏が真の仏である即ち無上仏であるために、仏になるべく、衆生を救済すべく、念々に転依されるのが法蔵菩薩である。しかし、仏が法蔵菩薩として衆生と共に生死を流転せねばならぬとは、永遠に仏になることは出来ない。この自己矛盾というか、やるせない悲願が法蔵菩薩の永劫の修行となり、かかる仏の心情が大悲の本願となって用らくのである。「如来回向の信力はそれが来たり給へる同一刹那に必ず仏心に還り給う。如来は念々に我々に新しく来り、念々に彼の御心に還り給う」（選集二「常に信の初一念に立つべし」）

信とは煩悩具足の凡夫が、如来の誓願の船に往くのみでない。如来は我等の煩悩の心中に念々に新しく来たり、念々に如来の悟りに還られる。それは念々に迷うて変わる衆生の煩悩に入り、迷いの意識を転換せしめる。一念の信は如来の直接的顕現であり、如来に対面すると同時に真の自己に対面する。法蔵菩薩は来りては去る。衆生が目覚めれば忽ち去り、迷えば忽ち来る。したがって信の一念は刹那の心（信）であるが、永劫の一心でもある。法蔵菩薩即ち阿頼耶識は、宗教原理の相続する刹那刹那の現在である。

かく語っていると、故人に呼びかけ語らいながら感応道交し感激した往時が思い出されるのである。

病床に訪れて、愚書「曽我量深の教え『救済と自証』～法蔵菩薩とは誰か～」を差し上げたが、既に声を失い筆談で「親鸞聖人の二種回向の教えを那須先生によって樹立されたことを嬉しく思います。曽我先生の教学を法蔵菩薩に基本をおいて明らかにしていただいた事は大変意義のあることと思っています。やはり如来我となりて我を救いたもう、これ法蔵菩薩のことなり。これがベースですね。原始人の事ですね。――」と手を握り合ったのが最後の法談であった。「如来の願心と我等の信心と、此二つは全く原始の唯一の菩薩の心である」（選集二「光胎を出でて」）。曽我先生の原始という語に如来と我と、機法未分・能所未分の一体感情・原始感情が表現されている。

今思えば、故人自身が、じっくりと思索を温めながらまとめていたことを、この遺稿から知ることになった。同じ志で学んできたことも、余りにも構想が同じであるのも以心伝心のしからしむるところであろう。後半の大無量寿経を中心に書くことが出来ずに往生を遂げられたことはさぞ残念な思いであったであろう。僭越ながら愚書を読んでいただき、故人の果たせなかった遺志を補っていただければ幸甚と思う。最後に発刊に際し大法輪閣編集部の小山弘利氏には格別なご配慮をいただいたことに御礼申し上げたい。

善知識にあうことも　おしうることもまたかたし
よくきくこともかたければ　信ずることもなおかたし

南無阿弥陀仏

合掌

平成二十八年六月

那須　信孝

（浄土真宗本願寺派　一行寺住職）

小林　光麿（こばやし　みつまろ）

1943（昭和18）年、滋賀県近江八幡に生まれる。1967年、大谷大学大学院修士課程（社会学専攻）終了。その後、近江八幡市・真宗大谷派眞念寺住職。2012年4月8日没。

主な著書は、『曽我量深に聞く―韋提希の救い』（真宗大谷派岡崎教区坊守会、2007年）、『歎異抄の真実―曽我量深に聴く親鸞の教え―』（法藏館、2012年）、『曽我量深の「宿業と本願」―宿業は本能なり―』（方丈堂出版、2013年）のほか、『日本における、親鸞から曽我量深までの真宗の伝承』（韓国嶺南大学校）、『法蔵菩薩』（徳間書店）、「龍樹から七高僧を通して親鸞までの大乗仏教の伝承」（『現代と宗教』、韓国嶺南大学校）など。

曽我量深に聞く「救済と自証」

平成28年9月8日　初版 第1刷発行

著　者　小　林　光　麿
発行人　石　原　大　道
印　刷　三協美術印刷株式会社
製　本　東　京　美　術　紙　工
発行所　有限会社　大　法　輪　閣
東京都渋谷区東2－5－36　大泉ビル2F
TEL　（03）5466－1401（代表）
振替　00130－8－19番
http://www.daihorin-kaku.com

ISBN978-4-8046-8210-5　C0015　Printed in Japan